JN229070

中国共産党100年と台湾有事Xデー

権威主義国家が世界の覇権を握る日

篠原常一郎
Joichiro Shinohara

清談社
Publico

中国共産党100年と台湾有事Xデー

権威主義国家が世界の覇権を握る日

篠原常一郎

清談社
Publico

はじめに　中国共産党の一党独裁体制が揺らぐ日

YouTuberとして皇室や政治、時事問題などについて語り、チャンネル登録者数37万人を抱えるに至ったわたしだが、本書では覇権国家への野望を剝き出しにしながら暴走し続けている中国の歴史と現状、そして予想される今後の動向などについて改めて論ずる。

わたし自身の中国との付き合いは30年以上の長きにわたる。

とくに習近平(しゅうきんぺい)の前任者である胡錦濤(こきんとう)政権の時代には、当時の仕事の関係もあって、たびたび中国を訪問し、現地の政府関係者と接触してリアルな情報や、彼らの本音に接する機会に恵まれた。

その縁もあって、彼らが日本を訪れたときには交流するようになり、中国の要人たちから日本政治についてのレクチャーを求められることもしばしばあった。

現在の中国外交のトップである王毅(おうき)外交部長をはじめとして、人民解放軍の幹部や北京(ペキン)の清華(せいか)大学の教授など、その当時、かなりの人脈を築いていた。

本書では、そのような独自の人脈から手に入れた情報や、軍事ジャーナリストとしてのキャリアに基づいた、わたし自身の考察をもとに、習近平4選の可否や、〝Xデー〟として恐れられる中国による台湾侵攻の可能性、ウクライナ戦争をめぐる中国の立ち位置とロシアとの関係など、中国の将来予測について取り上げている。

さらに、毛沢東（もうたくとう）による建国のあらましや、文化大革命に端を発する想像を絶する大混乱、その後の鄧小平（とうしょうへい）による経済開放など、中国の建国以来の歴史についても章を割いて説明した。

一党独裁という特殊な政治形態を持つ中国の特性を深く知るためには、やはり建国以来の中華人民共和国の歴史を論じる必要がある。

果たして習近平という権力欲の塊のような独裁者が、今後も14億人の頂点にいつまでも立ち続けるのか。それとも不満を抱えた民衆たちによる反乱によって、70年以上続く中国共産党の一党独裁体制が揺らぐ日があるのか。

唯一の覇権国家として世界に君臨してきたアメリカの凋落（ちょうらく）が始まり、それと入れ替わりで覇権国家を目指そうとする中国の動向は世界中から注目されつつある。

本書が、そんな中国にかかわる世界と日本の将来を考えるうえで少しでも参考になるのであれば、筆者としては何よりの幸いである。

目次

中国共産党100年と台湾有事Xデー

権威主義国家が世界の覇権を握る日

第1章　習近平独裁体制の完成

第2章 膨張する習近平の中国

第3章 毛沢東と中国共産党

第4章 建国後の苦しみ

第5章 鄧小平による経済発展

第6章 収容所社会と化した中国

第7章 江沢民から胡錦濤へ

第8章 これからの中国の野望

第9章 中国とロシア

第10章 中国が国内に抱える不安

第11章 中国とグローバルサウス

第1章 習近平独裁体制の完成

中国共産党にとっての最大の意思決定機関である全国代表大会で、2期10年にわたって続いた習近平氏の政権が3期目に突入することが決定された（2022年10月22日）

ついに完成した習近平による独裁体制

2022年10月16日から22日にかけて中国の首都・北京で開催された中国共産党の第20回全国代表大会では大きな変化が起きた。

5年ごとに行われるこの大会は、その次の5年間の中国政治を取り仕切る指導者たちの人事に加えて今後の統治方針も決められる。

全国代表大会は長い歴史を誇る中国共産党にとって最大の意思決定機関だ。

今回の大会では、これまで2期10年にわたって国家主席を務めた習近平が異例の3期目に突入することが確定した。

さらに党大会の最終日の22日には閉会式で習近平の隣に座っていた習近平の前任者である胡錦濤前共産党国家主席が式の途中で退席を求められ、警備員たちによって会場外へと連れ出されるという前代未聞の事件まで起こった。

胡錦濤の退場については国営新華社（しんかしゃ）通信の英語版ツイッター（現・X）が「体調不良」（not feeling well）によるものと説明したが、胡錦濤が連れ出される衝撃の映像を目にして公式見解をそのまま鵜呑（うの）みにする者はほとんどいない。

多くのメディアや識者は胡錦濤が今回の党大会における習近平の独裁体制に批判的だったからこそ半ば強制的に退場させられたという見方を取っている。

もちろん、わたし自身も自らが得た独自の情報をもとに同じ見解であり、突然の体調不良などではなく、習近平による独裁体制のために必要な出来事だったと思っている。

胡錦濤追放劇は習近平独裁のための儀式だったのか?

２０２２年の党大会の時点で80歳近い高齢とはいえ、若い警備員に連れ出されていく胡錦濤の弱々しげな姿は、かつて2期10年にわたって中国共産党のトップを務めた実力者だとは思えないものだった。

そして、この追放劇は現在の中国の権力がどこにあるかをニュースを通じて世界中に十分に見せつけるものだったと思う。

振り返ってみると、この追放劇は、もはや習近平による独裁体制確立のためのデモンストレーションであり、一種の儀式だったとすら思えてしまう。

今回の党大会における最大の場面であり、習近平が現在の中国において圧倒的な独裁体制を確立した瞬間だったからだ。

習近平は白昼堂々、党のほとんどの関係者の目の前で自らの権力を誇示し、明確に行使した。3期目を迎え、余裕満々の表情を浮かべる習近平は連れ出される胡錦濤の姿を目にしながら、次のようにいっているようにも見えた。

「自身の前任者である胡錦濤といえども、決して遠慮はしない」

追放劇や裏切りなどが目まぐるしく行われるのが、毛沢東による建国以来の中国政治の常だ。今回もまた、習近平が独裁者の強い姿勢を世界中に見せつけたくなったのかもしれない。

胡錦濤時代と習近平時代の違い

胡錦濤時代の中国政治は各派閥の利害を代表する人々による均衡的な政治だった。

しかし、習近平はトップの位置につくと、従来の力関係を打ち破るために、自らの派閥の人物ばかりを重用し、側近で周りを固めるようになっていった。

連れ出される胡錦濤の映像を見ると、胡錦濤が何かに抗(あらが)うかのように声を荒らげているのがわかる。さらに自らと同じ派閥の〝団派(だんは)〟(共産主義青年団)の後輩である李克強(りこっきょう)首相に何かをわずかに短く話しかけていることもわかる。

しかし、3期目に突入する習近平とは異なり、この党大会を最後に2期10年で首相を退任することが決まっている李克強は、この追放劇を止めるような力はすでに持っていなかった。ただただ連れ出される胡錦濤を茫然と見送ることしかできなかったのだ。

この党大会の人事では胡錦濤や李克強に近い〝団派〟の若手ホープで、国務院副総理だった胡春華も政治局員から外された。

さらなる出世が予想されていた胡春華の扱いは〝団派〟に対する習近平たちの意図を明らかにするものであった。

この結果、胡錦濤や李克強らを中心とする〝団派〟は最高指導部から一掃され、ひとりも残らなかった。

胡錦濤追放劇が起きた本当の原因

なぜ、この事件が起きたのか。

それはこの出来事に先だって、２０２２年夏に行われていた中国共産党の最高首脳会議ともいえる北戴河会議に原因がある。

北戴河会議とは首都の北京から比較的近い渤海沿岸の避暑地である河北省秦皇島市北戴河区で毎年夏に開かれる中国共産党指導部の非公式会議のことだ。

中国では毎年夏に北戴河で現役の中国共産党指導部と引退した旧指導部の長老や有識者たちが休暇を利用し、非公式に人事や政策などの重大事項を話し合う慣例がある。

ここでは党幹部や長老たちが一堂に会する大会議が行われるのではなく、各人の別荘などを拠点にして小規模な会合や食事会などを繰り返して政治が動いていく。

引退した長老たちにとっては現役の指導部に対して意見を表明する場として、とても重要な意味を持つと同時に、中国政治の不透明さを象徴する根回しや裏工作が水面下で行われる舞台でもあった。

北戴河会議で話し合われたこと

北戴河は猛暑の季節でも北京より平均気温が低いために清朝（しんちょう）の末期ごろから外国人たちの避暑地、保養地として発展を遂げていた。

1949年に中華人民共和国が建国されると、中国共産党は北戴河の別荘群を接収。水泳が好きな中国共産党主席の毛沢東が夏季に遊泳もできる北戴河で休暇を取るなかで、共産党の幹部たちが自然と集まるようになり、いつしか北戴河で重要な方針についても話し合うようになっていった。

1953年に北戴河に党や政府の夏季臨時事務所が置かれると、「北戴河会議」は定例化していく。

胡錦濤時代には一時期、休止されていたものの、2012年秋に習近平政権が発足してからは2013年以降、毎年開催されている。

会議の性質もあり、詳細な日程こそ公開されていないが、党大会を控える2022年夏にも例年通りに行われていた。

そこでは、のちの胡錦濤追放劇につながる水面下での激しい政治抗争が行われていたようである。

実は、わたしがつかんだ情報によると、北戴河会議の場で習近平に対して正面からすさまじい批判を展開していた人物こそが胡錦濤本人だったという。

そのときには、ほかの長老や一部の幹部たちも胡錦濤に同調し、習近平を批判したといわれている。

この北戴河会議で争点になったのは秋に迫る第20回中国共産党全国代表大会で何を決めるかであった。

この大会は5年に1回開かれるもので、大会2回分の10年で最高指導者は引退するという不文律があり、いわばそれは慣例であった。前任者の胡錦濤も、その慣例に従って10年前に習近平や李克強らの世代に政権を移譲していた。

だが、北戴河会議の時点で、習近平は従来の慣例を破り、自らが異例の3期目に挑戦する意欲を見せていたようだ。

胡錦濤たちは、そんな習近平の姿勢を強く批判した。習近平と彼に賛同する側近たちに対して、「慣例を破るのはおかしいから、2期で退任すべきだ」と強く主張したという。

それだけでなく、2019年の年末に発生した新型コロナウイルス対策の失敗や、西側メディアから批判されている少数民族への弾圧なども槍玉（やりだま）にあがった。

胡錦濤たちは、このような習近平政権の失政の例をあげて鋭く批判したという。

中国における少数民族への弾圧は中華人民共和国の発足以来ずっと続いてきたもので、習近平時代になって始まったものではない。習近平を批判する胡錦濤の時代でも少数民族への弾圧政策は行われていた。

しかし、習近平の時代になり、弾圧政策がいっそうひどくなったことも事実だった。イギリスのBBCなどを中心に批判的に報じられたこともあり、この問題はアメリカや西欧各国との関係をさらに悪化させる要因となりつつあった。

胡錦濤の批判は、そうした習近平の路線が結果的に経済不振を引き起こす原因になっているので、従来の路線を総括し、責任を取って党大会をきっかけに辞めるべきというものだった。

要するに、胡錦濤たちは習近平に2期10年での退任を迫ったわけである。

長老たちの批判を押しのけての独裁確立

北戴河会議では苦境に立たされた習近平だが、そこから持ち前の粘り腰を見せた。自らを批判する胡錦濤ら長老たちに対しては最終的に改善を約束し、3期目については5年の任期をまっとうするわけではなく、3年で見直しを図ると譲歩し、無事に党大会の開催にこぎつけた。もちろん、この約束を習近平が守ることはない。

結果的に考えると、習近平は胡錦濤よりはるかにしたたかだった。長老たちの批判をかわすと、自らの権力拡大に向けて着々と布石を打っていく。

党大会の直前に行われる中央委員会総会では中国共産党の規約改正案を提案することに成功した。

党大会後に発表された規約改正案を見ると、習近平がさらなる権力強化に成功したことがわかる。

改正案では「党員が必ず履行すべき義務」として「『四つの意識』の強化、『四つの自信』の堅持、『二つの擁護』をやり遂げる」との項目が設けられた。

「二つの擁護」とは「習近平総書記の党中央、全党の核心としての地位を断固として守り抜き、党中央の権威と集中的統一的な領導を断固として守り抜く」ことである。

そのほかに党員が学ぶべきこととして、党の基本知識や科学、文化、法律などの業務上の知識に加えて、党の歴史が追加された。

さらに習近平思想を徹底して確立することを求めるというものも追加された。

これは習近平への個人崇拝を明文化し、規約化したものだった。

2017年の前回の党大会以降、習近平は自らを革命の父である毛沢東のように位置づけて自身の神格化を進めてきた。

今回の党大会でも、それをさらに、いっそう推進しようとしていることがわかる。

党大会では、この改正案が採択されたときに、胡錦濤が騒ぎ、その結果、連れ出されたのである。

結局、習近平は表面上の妥協を図りながらも、自らの野望達成のために終身独裁体制確立に向けて電撃的にことを運んだのだろう。

第2章 膨張する習近平の中国

習近平による独裁強化は、日本にとっても対岸の火事では済まない。台湾有事が起きれば日本の安全保障にも相当の影響を及ぼすことになる（2022年10月16日）

台湾侵攻の〝Xデー〟はいつか

この習近平による独裁強化は今後の日本の安全保障において相当な影響を及ぼすことが考えられる。端的にいえば、日本の安全保障にとっては、これまで以上に相当危険な状況になる可能性が高い。

北戴河会議では習近平は自らを批判する長老たちの意見を抑え込むために次の5年（2027年まで）に台湾の解放を成し遂げると主張し、さらに、そのことを自身が3期目を務めるための名目とした。

今や台湾の解放は3期目を正当化しようとする習近平にとっての最大のテーマになっているのだ。

そのため、中国は今後、武力による攻撃を含めて、あらゆる可能性を追求し、ここ数年、香港（ホンコン）で見せたのと同じような手法によって、中国と台湾の完全な一体化を目指していく可能性が強い。

これは直接的な武力の行使による台湾統合が起こりうるということだ。しかも台湾有事の発生まで残された年月は少ない。２０２７年までの数年しかないからだ。

では、どのような戦争が行われるのか。わたしは、それはひと筋縄でいくものではないと見ている。

習近平政権下の中国で、ここ数年の間に改革が急速に進められたのが中国人民解放軍だ。その背景には、2035年までに近代化を完成し、今世紀の中ごろまでに世界一の軍隊にするという計画があるからだ。

また、最近では次の中国共産党の党大会が行われる2027年までに台湾侵攻の可能性が浮上しつつある。

台湾、そして日本に残された時間は、あとわずかなのかもしれない。

2022年の党大会で異例の3期目に突入した習近平体制だが、国務院総理に就任すると見られていた〝団派〟の胡春華を降格させるなど、周囲は昔から習近平を知る側近ばかりで固めており、いまだに明確な後継者は定まっていない。むしろ後継者を決めることを避けているようにすら見える。

もし2027年に74歳になる習近平が4選した場合、79歳まで務めることになる。

ちなみに2027年は人民解放軍にとって記念の年だ。なぜなら人民解放軍は1927年8月1日の南昌（なんしょう）蜂起を建軍記念日とするからだ。

習近平が台湾統一を自らの3期目の実績とし、4選のための材料にする可能性は十分ありうるだろう。「鄧小平もなしえなかった領土回復」を行った偉大な指導者像を、習近平は国内宣伝によってつくりあげることが可能になる。

ロシアによるウクライナ侵攻から考える現在の戦争の〝多様さ〟

現在、ロシアの侵攻によってウクライナで起こっている戦争を見てもわかるように、現代の戦争は戦場における軍事力の展開だけで決まるわけではない。

実際、ウクライナの戦争では当初の侵攻地域から大きく後退しているロシアが苦戦していると見る向きが多い。なかにはロシアの敗北が必至だとまで公言している識者すらいた。

だが、現在の戦争は表面上の軍事作戦以外の要素にも大きく左右される。軍事力以外に情報戦や経済戦争がそれだ。

たとえば、ロシアはエネルギー問題では今や完全に勝者になっている。むしろロシアを締め上げるために経済制裁を行った西側各国のほうが、ウクライナ侵攻の余波によって厳しい立場に立たされている。すでに複数の政権が崩壊し、経済的には苦しくなっていることが明らかになりつつあるのだ。

最初に崩壊したのは、あまり報じられていないが、イタリアだ。イタリアは欧州中央銀行の総裁をかつて務めたマリオ・ドラギが首相だったが、2022年7月の総選挙でジョルジャ・メローニ率いる極右政党の「イタリアの同胞」が圧勝。総選挙後、メローニはイタリア初の女性首相となった。

メローニ政権は親ロシア色のある極右政権だから、今後はロシアに対する制裁を弱める方向に動いていく可能性が高い。

さらにハンガリーでは、ほかの欧州諸国が武器提供などを行い、ロシア包囲網を敷くなかで、もともと親ロシア派だったオルバーン・ヴィクトル首相が戦争への関与を否定し、軍や兵器の提供はしないと明言していたが、彼が率いる政権与党の「フィデス＝ハンガリー市民同盟」が選挙で大勝利をおさめ、さらにロシアへの制裁を弱めていくことになっている。

これらの国のほかにも、ロシアに対して歴史的に最も敵対的な姿勢を見せているイギリスにも大きな変化が起きた。エネルギー問題による物価高騰に苦しむなか、政権自体が次々に崩壊したのだ。

まず、ロシアに強硬な姿勢を見せていたボリス・ジョンソン政権が2022年9月に倒れた。そして、その次に発足したリズ・トラス政権も、わずか1カ月半で崩壊している。

トラス首相は96歳で亡くなったエリザベス2世女王が最後に認証を与えた首相だったが、そんな歴史的な存在であるにもかかわらず、あっけなく政権の座を追われている。

トラス首相もジョンソン政権下では外務大臣を務め、ロシアへの強硬的な姿勢を見せていたが、結局、退任した。トラス政権が倒れた理由も、経済制裁の跳ね返りによる物価高騰と4兆7000億円の大減税政策への反発だ。

実はイギリスは財源不足のためにアメリカ政府やIMF（国際通貨基金）から懸念を表明されてポンドが大暴落してしまった。国債価格も下がり、経済大混乱が生じたのだ。

このように、現代のハイブリッドな戦争は経済的な混乱を敵国に仕掛けることができるのだ。とくに天然資源が豊富で西側各国に多くの天然ガスを供与していたロシアにとっては容易なことだったのだろう。

中国もロシアのように、台湾に対して軍事だけでなく経済戦争を仕掛けていくことを想定しなければいけない。

中国がスリランカを陥れた「債務の罠」

中国は日本からのODA（政府開発援助）により経済を成長させ、2010年には日本をGDP（国内総生産）で抜き、現在は日本の3倍以上のGDPを誇っている。

その中国とまっとうに付き合おうとすると、発展途上国はどうなるか。解答はひとつ。食い物にされるだけだ。

最近では中国から多額の融資や経済援助を受けていたスリランカが経済破綻した。途上国を借金漬けにして権益を奪う中国の「債務の罠（わな）」に陥ったのだ。

スリランカは中国の巨大経済圏構想「一帯一路（いったいいちろ）」関連の投資を受けて港湾整備の大型公共事業に乗り出し、対中債務が増加。返済に行き詰まり、2017年に南部ハンバントタ港の運用権を中国側に99年間貸与することとなった。

2022年には新型コロナウイルスの感染拡大で外貨獲得の主力産業だった観光業が影響を受けて外貨不足に陥り、デフォルト（債務不履行）状態となっている。

このことからもわかるように、中国は相手国にインフラの開発を名目に多額の資金提供を行い、借金漬けにして経済的に占領していくという手法を取っている。

それと同じことが今後も行われることがありうる。中国経済のバブル崩壊を予測する声は一定数あるが、まだまだ余力はある。

全体主義的なやり方で需要をつくりだし、農民を絨毯（じゅうたん）から何から引っくり返すようなかたちで土地から追い出し、大都市を造成し、資金を集めてバブルをつくっていく。

しかし、この構図が崩壊して倒れた場合、中国の余った資金は日本に向かい、日本に対する日本買いがさらに拡大していくだろう。

中国による日本買いこそかたちを変えた戦争

すでに、最近頻繁に報じられている〝日本買い〟こそが、ある種の戦争だ。

とくに北海道では想像以上の事態が進行している。

日本の法律が適用できないような無法な土地取引が大量に発生しているのだ。実際に地元の方たちと話をすると、その深刻さがうかがえる。

中国人が土地を買いまくったうえで、中途半端な状態で放り出しているからだ。保護林の役割を果たしている森林を切ったままで未開発で投げ出すなど、大変危険な状況になっている地域が多い。

もちろん、なかには一部で成功している施設もある。

そういう施設は1泊350万円ほどもする高級施設で、オンラインカジノを併設していたりする。

IR（統合型リゾート）の問題が取り沙汰されたときに、「日本に博打場（ばくちば）をつくってマフィアを入れれば問題になる」という批判がさんざん報道されたが、時すでに遅しだ。

オンラインという手段を使えば、そんな規制はいくらでもくぐり抜けられるし、すでに中国人によって多くの施設が運営されている。

　そういう意味では、うかうかしているうちに、日本は中国に浸食され、すべてグレーゾーンのまま、法の規制をかいくぐったムチャなことが行われ続け、すでにどうやって取り締まるのか、目処(めど)も立たない状態となっている。

　オンラインカジノの場合、日本国内で換金したらアウトだが、中国人たちはすべての支払いを中国国内で済ませてから日本に遊びに来ているという。

　こういったことはオンラインカジノに限ったことだけではない。

　たとえば、日本で自由自在に中国人たちは白タク（いわゆる違法タクシー）を営業している。しかし、捕まえられることはほとんどない。なぜなら決済は中国で済ませてから日本に来ているからだ。

　ウーバーと同じで、全部携帯で決済。注文した段階で終わっている。

　たとえば、新千歳(しんちとせ)空港からニセコまで行くとなると、中国人観光客は見積もりを取ったうえで、中国国内で支払いを済ませてから入国してくる。

　傍(はた)から見ると、現地で待っていた友人の車に乗っているだけのように見せて白タクに乗っているのだ。金銭のやりとりが生じないため、オンラインカジノと同じで証拠は確認しづらい。

　結局、外国人による土地の購入を自由にするということは、そういうことにつながっていく。

しかも中国の歪（いびつ）な資本主義は民主主義をともなわないため、特権階層がよいように仕組みをつくって弱肉強食を生み出している。それを具現化したのが中国共産党支配である。

中国のスーパーエリートたちは、カネと党の力で好き勝手に法律をつくって、その基準を外国に持ち込もうとしている。

だから日本人のように性善説ですべての人々が法律を守るという前提でいると、いつの間にか「経済は資本主義、政治は全体主義」という中国のやり方に勝てずに、知らず知らずのうちに支配されてしまうだろう。

日本と中国の歪な関係

中国国内では外国人が土地を購入することはできない。使用権を購入することはできるが、土地そのものの購入は個人所有を排除した「すべての土地は公有」との原則によって禁じられているのだ。

しかし、中国人は日本の土地を好きなだけ買うことができる。

本来、国家の関係は対等で、「お互いが許していることを許そう」という世界になるはずだが、日本と中国の関係にはそこに歪さがある。本来なら日本は少なくとも日本人の土地購入が禁止されている国に限っては禁止すべきなのだ。

ところで中国では土地を国民全体のものといっているが、それはまったくの嘘。そもそも中国全体が中国共産党のものなのである。共産党という一部の限られたスーパーエリートたちによって集団所有されている国なのだ。

だから、そんな国に自分たちの常識が通じると思っている日本人はダメだ。食い物にされるだけである。

中国に対するものの見方を変えることから取り組まないと、中国との付き合いはできないだろう。

まさに、そうしたときに何が起こるかを考えないといけない。たとえば、先ほど言及したスリランカの例も考えなければいけない。

国家が破綻し、物資がなくなり、国民がものを買えなくなり、大規模な暴動が起きる。これをどうやっておさめようとしているのか。スリランカ政府は結局、また中国から新たな借金をして乗り越えようという対処法を選択せざるをえない。こうなってくると、中国に対して永遠に頭が上がらなくなってしまう。

ウクライナも同様だ。日本では「ウクライナ善戦」とばかり報道されてきたが、あらゆるかたちでロシアから攻撃されていて、実際には危機的状況にある。

ウクライナは西側諸国の支持を得てギリギリのところで持ちこたえているというのが実態だ。しかし、このままいくと、国家としての機能を保つことは難しいだろう。最終的には破綻する可能性のほうがはるかに高い。

ロシアは軍事的な侵攻だけでなく、ウクライナ国内の発電所などのインフラ設備を攻撃し、破壊し続けている。

そのため、ウクライナの発電施設の4割以上がダメージを受け、あちこちで停電が起こっている。

現在、ロシアはウクライナの後ろ盾になっているヨーロッパ各国に対して天然ガスの売却を認めているが、割高になったルーブルで支払うように強気の交渉をしている。

その結果、どうなるか。

本来なら経済制裁によって破綻しなくてはいけないはずのロシア経済が逆鞘(ぎゃくざや)で非常に好調になっている。

ルーブルの通貨価値が上昇し、さらに資源の買い手もインドや中国が引き受けたために、ただただ西側諸国が天然ガスや原油の安い供給元を失って経済的に苦境に立たされているのだ。

結果的に制裁をしているはずの西側ヨーロッパ諸国が被害を受けている。資源国というのは、いざとなれば、こうした強さを持っている。

ロシアと取引する岸田総理の狡猾さ

ヨーロッパ諸国がロシアとの経済取引のなかでダメージを受けているなか、日本はいまだにそれほどまでの被害を受けていない。

ここだけの話だが、岸田文雄（きしだふみお）総理は、この天然ガスの件についてはロシアと裏取引をやっているいると思われる。

なぜなら岸田総理の地元の広島県には日本とロシアが共同開発したサハリン2という樺太（からふと）のガス田からのガスが最も多く供給されているからだ。

実は岸田総理のお膝元にある広島ガスが使うガスの半分はサハリン2から供給されている天然ガスなのだ。一方、G7（先進7カ国首脳会議。日本、アメリカ、カナダ、フランス、イギリス、ドイツ、イタリア）の取り決めのなかでも、なぜかサハリン2は経済制裁の対象から外してよいことになっている。当然、G7諸国には、なんらかの見返りを渡しているのだろう。

この例から見てもわかるように、日本政府によるロシアへの経済制裁は、本質的にはパフォーマンスにすぎない。

ロシアも、そのあたりの事情を汲（く）んでいるようで、ヨーロッパ諸国に対するほど日本への当たりは厳しくない。

結局、生き馬の目を抜く国際政治の世界では、本音と建前が絶えず併存せざるをえないのである。

沖縄と台湾、どちらが先に中国に狙われるのか

日本において、中国からいちばんに狙われる地域といえば、やはり沖縄だ。

沖縄は台湾の北側に位置し、アメリカ軍の基地があるが、今後、中国が沖縄への野心を見せる可能性は十分にある。

台湾に対しては、アメリカも日本も「ひとつの中国」という立場に立ち、正式な国家としては承認していない。

あくまで中国の一部であり、中国の正統な政府は北京の中華人民共和国政府であるという立場なのは日本もアメリカも同じだ。

しかし、一方で、台湾問題の解決は平和的に行うべきだという主張もしている。

ただ、この言い方は微妙で、言い換えると、国家の統一に関して「武力を使ってはいけない」ということまでは公式にはいっていない。

平和的な解決を望むというだけなので、非常に危うい立場にあるといえるだろう。

では、中国がどのようなことを考えているのか。それは、なるべく親中的な人たちを台湾につくり、中国シンパを増やしていくことだ。

そのために中国はかつて台湾と経済的な関係を深めることに力を入れ、現在はその関係を開いたりしぼったりして、一種の〝アメとムチ〟として使いつつある。

この考え方を台湾に限らず、沖縄に対しても適用してくる可能性は高い。

たとえば、台湾に隣接した沖縄など日本の観光地には中国から多くの観光客がどんどん訪れていた。観光地、とりわけ沖縄の人たちを経済的に潤すように仕向けている。観光客がどんどんお金を持ってきて現地に落とすようにして、経済的に抜き差しならない関係にすることにより、包囲していくわけである。

実は沖縄人の一部にある琉球（りゅうきゅう）独立という考え方は中国に起因している。

中国に併合されるための考えではないとしても、とりあえず琉球として独立して、気がつけば中国になるという考え方が背後にあり、非常に危険なものだと見ることができる。

沖縄をめぐる中国の目論見

近年、中国共産党の指導思想として規約などに明記されるようになった「習近平思想」は、辛亥革命の主役で中華民国を興した孫文の三民主義の重要な核心部分を受け継ぎ、発展させたものである。

孫文は、いわゆる異民族の政権である清から漢民族の政権に中国を取り戻すことを目標にしていた。そのひとつの原理のなかには漢民族の国家であった明時代の版図を取り返すとの記述がある。

版図というのは領土に準じる概念で、自分たちの勢力圏という意味だ。

孫文のなかでは、かつて中国が支配していた国はすべて版図ということで、ベトナムやミャンマー、朝鮮などが入っていて、さらに琉球まで入っていた。

琉球は孫文にとっては中国の版図のなかなのである。

その孫文の考えを引き継いで「偉大な中華民族の復興」を掲げている習近平が沖縄を意識していないわけがない。

尖閣諸島についても習近平は意欲的である。

ただし、はっきりいってこの考えには限界がある。これまでの歴史的な根拠が薄すぎるのだ。中国がいくら尖閣諸島のことを我が国固有の領土だと主張したとしても、「では、なぜあなたたちは第2次世界大戦が終わったときに主張しなかったのか」という問いかけに対して答えることができないからだ。

尖閣諸島について中国が領有権を主張し始めたのはかなり遅い。1970年ころからで、まだ50年ほどなのだ。

さらに、もうひとつは、なぜ中国が領土と主張する場所にアメリカ軍の演習場があるのかという点だ。久場島（くばしま）と大正島（たいしょうとう）には現在も二つの演習場（射爆場）がある。

終戦からずっとアメリカ軍が射爆場を設定し、沖縄が返還されて以降は「日米安保条約と日米地位協定に基づく提供施設」ということになっているため、あくまで日本の主権があるということを前提に、現在もアメリカ軍が演習場を置いている。

中国は、このことについて、これまで一度も外交的な抗議をしたことがない。

そういう点では尖閣諸島を中国の領土として主張すること自体、ハナから無理筋な話なのだ。

しかし、「琉球全体が半属国」だというかたちにすれば、それに付随して尖閣諸島も自動的に入ってくるというふうに考えているフシはある。それなら整合性があるからだ。

「台湾より前に沖縄を併合するのでは」という見方については、順番的にはさすがにないと思う人が多いだろう。

いや、可能性が高いのだ。

なぜかといえば、台湾から攻めていけば、軍事的には、四方八方から叩かれることになるからだ。

ベトナムはもちろん、東南アジア各国などから反発される可能性も高い。

だが、沖縄を弱体化させてから攻めることができれば、自分の掌中におさめることはできるだろう。

これは本当に数年のうちに生じる可能性がある現実だ。

未確認の情報だが、沖縄のアメリカ軍は、基本的には連絡、中継機能以上に作戦的な運用力が整備されているわけではない。中国側にしてみたら、チャンスと捉えている可能性は十分にある。

習近平〝一強化〟により進む不安定化

果たして習近平政権は今回の胡錦濤追放の政変で盤石なものになったのか。

党長老たちの影響は、いまだにどれだけあるのだろうか。

それについて考えると、わたしは盤石ではなく、むしろ習近平の〝一強化〟によって中国の不安定化がいっそう進んでいると見ている。

わたしは20年以上前から中国共産党と交渉し、接点を持ってきた経験があるが、習近平の前任者である胡錦濤時代（2003〜2013年）の10年は政治的には安定し、非常にバランスが取れていると見ていた。

なぜなら胡錦濤体制では各派閥の利益を代表するいろいろな人たちがいたからだ。当時はチャイナ・ナインと呼ばれる権力者が君臨していたものの、お互いに牽制（けんせい）し合いつつ、ある種の〝中国流〟の民主主義が機能していたようにも見えた。

しかし、習近平体制発足後の2期10年で安定しているかに見えたそのバランスは、もろくも崩れ去った。

今回の党大会で習近平は、目の上のたんこぶだった長老たちを排除し、独裁体制をつくりあげた。

この独裁体制をつくるにあたっては、さまざまな邪魔が存在していた。

そのうちのひとつが少数民族による抵抗だ。

ウイグル人たちを収容する強制収容所をつくり、世界的な人権問題として各国から批判されるなかでも、いまだに中国はその方針を改めることなく締め上げ続けている。

ほかの少数民族に対しても同じだ。中国東北部に多く存在する朝鮮人、モンゴル人も相当な被害に遭っている。

激しい弾圧の上に立った政権は盤石ではない。それだけ政権が崩壊する要因を内部に抱えているからだ。

過去にナチス・ドイツが倒れた例を見てもそれは同じだろう。

しかも習近平には余裕がなく、切羽詰まっているようにも思える。「台湾の解放」を大義名分にして3期目に突入したため、外部に敵を求める傾向が非常に強くなっているからだ。もし3期目のうちに何もできなかった場合、習近平体制は、手詰まりに陥る可能性も十分にある。

おそらく習近平の側近たちは、そのように思っているだろう。

2021年の北戴河会議では、胡錦濤のさらに前任者である江沢民(こうたくみん)が習近平に対して激しい批判を行った。引退して相当高齢になり、ようやく2022年11月30日に死去したが、それまでは上海閥(シャンハイ)のトップで、かなりの影響力を持っていた。

江沢民らの影響下にある中国共産党の教育機関の機関紙でも習近平を揶揄(やゆ)し、批判するような論文がいくつも発表されていたことが確認されている。

2022年の北戴河会議で、その江沢民らの意見が完全に封殺されたのは、おそらく江沢民が高齢により衰弱して北戴河会議に出なかったことが原因だと思われている。もちろん党大会にも出ていない。

江沢氏が死去し、80歳近い胡錦濤が排除されたことで習近平〝一強〟体制への移行が決定的になった。

胡錦濤の出身派閥である共青団（中国共産主義青年団）出身で首相を務めていた李克強も役職を追われて失脚し、2023年10月27日に死去した。李も共青団の派閥を代表する有力者だったが、習近平が浙江省党委書記だった2002年から2007年にかけて形成された「之江新軍」と呼ばれる派閥によって完全に排除されたかたちとなった。

今やチャイナ・セブンのほとんどは習近平によって引き立てられた人ばかりだ。

今後の中国の中枢部の動きは、かつて毛沢東が君臨していた時代に近いものになるだろう。

習近平が善人ならよいが、もちろん善人などではない。

毛沢東は、かなりずる賢いところがあったが、彼の政治には意外と柔軟なところもあった。原理原則を重んじながら融通無碍なところがあり、ソビエト連邦（ソ連）に近づくことにメリットがないと見なせば、それまで敵だったはずのアメリカを交渉相手にするずる賢さや変わり身の早さを持っていた。

毛沢東には、田中角栄総理と日中国交回復を行い、創価学会の池田大作会長とも交流するなど、メリットがあればなんでもやる柔軟性があった。

今のところ、習近平には、そのようなしたたかさは感じられない。しかしながら、今後、柔軟性を身につけ、中国をさらなる強国として引っ張っていこうとすれば、今以上に厄介な存在になるかもしれない。

第3章 毛沢東と中国共産党

中国共産党の結党メンバーはインテリが多いなか、農村で生まれ育った毛沢東は異色の存在だった。結党当初は〝一兵卒〟にすぎなかったという（1957年1月1日）

コミンテルンの影響

ここからは、中国共産党の結党から、大陸を統一し、現在に至るまでの歴史について振り返っていこうと思う。

よく訳知り顔で「コミンテルンの陰謀」などとYouTubeで語っている人がいるが、実際のコミンテルンは1943年（昭和18年）に解散していてすでにない。そのため、いわゆるコミンテルンの陰謀として語られるもののほとんどは陰謀論にすぎない。

しかし、中国共産党が結党される過程について、当時のコミンテルンが決定的な役割を果たしていたことに間違いはない。

では、コミンテルンとはどのような組織だったのだろうか。

コミンテルン（国際共産党あるいは共産主義インターナショナル）はロシアの首都のモスクワを本部にして1919年に設立された。日本がまだ大正時代だったころにできたわけだが、それに先だって設立の2年前にロシア革命が起きている。2度の革命を通じて、結果的にソ連が成立したのである。

ロシア帝国が倒されてウラジーミル・レーニン率いるボリシェビキ（のちのソ連共産党）によ

って成立したソ連は、世界で初の社会主義国家であり、広い国土と多くの人口を有するヨーロッパ随一の大国であった。

実はコミンテルンのあり方をめぐっては、そのときにソ連共産党のなかで論争があり、その論争に影響されている。

このままソ連という国の力を使ってヨーロッパ各国に攻め込んでいき、各地で次々に共産主義国家を軍事力によってつくろうという考え方。これがソ連建国を軍事面から強力に指導したレフ・トロツキーによる世界革命路線だ。

この路線には、侵略というより、労働者を解放する軍隊が各国に向かえば、現地の労働者たちが自然発生的に迎え入れてくれて、社会主義政権成立のために立ち上がってくれるだろうという楽観的な見立てがあった。

トロツキーは、そのためにこそ自分たちがつくりあげた革命の武力を使用するという発想があった。ある種の積極的革命論である。

一方、革命の最高指導者のレーニンは少し違う考え方の持ち主だった。

このレーニンの考えに与(くみ)したのが、のちにトロツキーと対立し、トロツキーを追放するヨシフ・スターリンなのだが、この考えは、現段階では他国に攻め込まずに、まず自分たちの国を固めて各国の共産主義者たちと協力し、彼らを支援しながら、各国で革命が起こることを手助けするという路線だ。

これは「一国社会主義路線」という立場を取りながら、同時に世界の革命運動を応援するというものであり、しかもソ連こそが社会主義国家の盟主であるという考え方だ。

この二つの考え方の対立があり、最終的にはレーニンとスターリンによる一国社会主義が主導権を握り、各国の共産党を援助し、各国の革命は各国の共産党が実行していくことを前提に、その支援に取り組んでいくことになった。

その動きのなかで世界の革命を進めるための指令組織としてつくられたのがコミンテルンだ。コミンテルンは主な活動資金はソ連が負担し、ソ連の人たちが働いてつくりだした富から分配し、そこから世界の革命運動に物質的財政的な支援を行いながら各国の共産党を加盟させ、統一的に革命を進めようとしていた。

そういうなかで、世界の主要国のなかにコミンテルンの〝お墨つき〟を得た共産党をきちんとつくろうという動きが広がった。

コミンテルンに加盟する共産主義者の組織はすべて共産党を名乗るという規約があった。

実はコミンテルンが存在した時代には創設されていなかった共産主義政党がある。

北朝鮮を牛耳っている朝鮮労働党が代表例だ。北朝鮮の朝鮮労働党はコミンテルンが解散したあとにできたため、共産党を名乗っていない。

そのほかでは、今はないが、東ドイツの政権党だった社会主義統一党。これもコミンテルンと関係ない時期に成立したのでこの名称だった。共産主義者の政党でも共産党を名乗らない政党はいくつか存在するのである。

中国共産党の結党

しかし、中国共産党と日本共産党はコミンテルン成立後にアジア各国にも共産党をつくろうという方針を受け、それに応えてつくられた党だ。

中国共産党はコミンテルンができてから2年後の1921年の7月に結成されている。コミンテルンの主導によって、北京大学文科部長の陳独秀（ちんどくしゅう）、北京大学図書館長の李大釗（りだいしょう）、元北京大学図書館司書の毛沢東らが日本の東京帝国大学（現在の東京大学）への留学から帰国した李漢俊（りかんしゅん）の上海の自宅で第1次全国代表大会（第1回党大会）を開催し、結成している。

結成時に上海に集まった党員は12人だが、この創立メンバーのなかで中華人民共和国の建国まで生き残り、なおかつ死ぬまで中国共産党内での名誉を保ち続けることに成功したのは毛沢東と董必武（とうひつぶ）の二人だけだ。

生き残ることはもちろん、自らの地位を保つことも難しい時代だったことがわかる。

台湾問題につながる複雑な経過

中国共産党ができるにあたっては複雑な経過があり、そのことが、のちの台湾問題につながっていく。

ソ連が成立し、ソ連に頼りながら革命を志す共産主義者たちがつくった政党の間には、各国のなかで争いもあった。

アメリカなどでは自らが共産党だという主張を掲げる社会主義や共産主義を志向する政党間で〝本家争い〟が起きたのだ。

なぜならモスクワのコミンテルンのお墨つきをもらうことができれば、大きな財政的支援を受けられる。しかも武力革命を目指すための要員と必要な武器を与えられ、ソ連の抱える赤軍の優秀な軍事顧問の指導まで受けられる。

だから共産主義を志向する複数の政党が存在した国では、自らが真の共産党だという党派どうしでの争いが起きた。

中国では1911年から1912年にかけて清が倒される辛亥革命が起きた。

その後、1919年に孫文が主導する中国国民党が誕生。この国民党は社会主義的な政策を部分的に掲げていて、将来的には民主主義国家をつくるが、しばらくは軍事独裁国家をつくるという目的で中華民国を成立させた。

この中国国民党は早くからソ連に対して友好的な政党だった。

実はこの中国国民党も「容共」路線でソ連の援助を得ながら革命を進めるというスタンスであった。はっきりマルクス主義とはいっていないが、三民主義を訴えていた。イギリスやアメリカなどの強力な資本主義国に包囲されているソ連にとっても、自らに近い勢力の国が誕生することは歓迎していた。

しかも国民党は政権を獲得していたため、こちらをコミンテルンに入れようという考え方もソ連にはあったようだ。

しかし、同時に中国共産党も誕生した。こちらはコミンテルンの指導のもとでの政党として誕生している。

この状況のなかで、コミンテルンの指導者も考えをめぐらせて指示を出す。中国共産党の党員たちに中国国民党のなかに入り、二重党員になることを推奨していくのだ。

これが１９２４年から１９２７年にかけて行われた第１次国共合作で、表向きの目的として掲げたのは軍閥および北京政府に対抗する共同戦線だった。

国民党は１９２４年１月20日、広東で開催した第１次全国代表大会で綱領に「連ソ」「容共」

「扶助工農」の方針を明示し、第1次国共合作が成立する。

それ以降、陳独秀や毛沢東ら中国共産党の党員が個人として国民党に加入する党内合作の形式を取ることになる。

その後、1925年に孫文が死去すると、1926年に中山艦事件で蒋介石が共産党員を拘束するなどの軋轢があり、国民革命軍総司令官になって実権を握った蒋介石が北伐を開始し、1927年に南京に国民政府が成立し、4月の上海クーデターによって国共合作は事実上崩壊する。

ただし、この国共合作が行われていた期間には、国民党員のなかに共産党員が入り込んで活動をともにしていた。

一緒に軍学校もつくり、軍事革命も目指すことになり、黄埔軍官学校ができると、校長を共産党の周恩来と国民党の蒋介石がともに務めることになる。

のちには不倶戴天の敵として血みどろの争いをする国民党と共産党だが、ソ連の指導のもとで手を取り合っていた時代があったのだ。

こうした歴史的経緯が現在の台湾問題の前史としてある。

今の台湾の野党である国民党は、共産党に敗れて台湾に渡ってきた蒋介石たち中国国民党の末裔だ。

現在の台湾では蔡英文前総裁や頼清徳現総裁を輩出している与党の民進党が中国本土からの独立傾向が強く、野党の国民党が中国共産党と友好関係となり、融和的な立場になっている。

中国国民党と中国共産党の複雑な歴史がその後も１００年近く続き、台湾問題として現在まで尾を引いていると見ることができる。

一兵卒だった毛沢東

中国共産党が結党された当時の最初の指導者は洪秀全や陳独秀。のちに圧倒的な独裁者となる毛沢東はこの時点では〝一兵卒〟にすぎなかった。

陳独秀ら初期の指導者たちはコミンテルンからの独立性も強かった。のちにソ連に留学する人もいるが、周恩来や鄧小平のようにフランスをはじめ西側の民主国家に留学していた知識層も多い。

そのため、どちらかといえば、ソ連の指導部とは意見が合わなかった。

レーニンが亡くなり、レーニンと仲がよかった孫文も亡くなると、次の指導者層はソ連とウマが合わなかった。とくにスターリンとの関係が悪化したこともあり、冷や飯を食わされるようになった。

しっかりした軍隊をつくっていたが、最終的には孫文が死んだあと国民党を引き継いだ蔣介石と共産党の間で喧嘩（けんか）が始まる。

明確に分かれたのは1927年（昭和2年）だが、このときに国共分裂して内戦が始まった。この国共分裂に対しては、ソ連共産党はどっちつかずの態度を取っていたようだ。

というのは、変な話になるが、蔣介石の息子で、のちに台湾の3代目総統となる蔣経国（しょうけいこく）は人質としての意味も込めて当時のソ連に留学をさせられていて、ソ連の軍隊である赤軍に入っていた。

のちに台湾の総統になった蔣経国は李登輝（りとうき）を登用するのだが、蔣経国がソ連に留学していたときも、まだソ連には国民党をコミンテルンに取り込もうという野望があった。

その様子を面白く思っていない中国共産党のなかにもソ連の軍事顧問が来ており、どちらかというと自主的な判断に基づいて、ソ連のいいなりになると裏をかかれると判断した自立派がいた。

その状況のなか、毛沢東は自分の国の革命は自分でやっていくという立場でやってきた人物で、スターリンからは警戒心を持たれていた。

革命の第一人者であるソ連の指導者のスターリンにしてみたら、「もし、いうことを聞かない毛沢東が成功して世界の革命の指導者になったら困る」という警戒があったわけだ。

そういうかたちが、ほぼほぼ1930年代、日本との本格的な戦争が始まるまでの中国共産党と国民党、そしてソ連共産党との関係だと思ってもらえればよいだろう。

毛沢東が権力を手にするまでの道のり

中国共産党の結党メンバーは、陳独秀をはじめ、大学の研究者などのインテリが多かった。そのなかでも異色だったのが毛沢東だ。彼自身は裕福な農家の出身だが、北京大学に勤務はしていたものの、教師ではなく用務員のような立場だったといわれている。

その前は何をやっていたかといえば、小学校の先生。毛沢東は、湖南(こなん)省の豊かな豪農の出身で、労働者ではなく、小作人を使っている側。子どものころからそれなりに素養の高い教育を受け、自分自身は大学にも行きたかったようだが、通えないまま社会主義運動を始めたときに北京に働き口を見つけて北京大学に勤め、本格的に革命運動を始めていくことになる。

そのため、毛沢東は、ほかの知識人出身の共産党員にない資質があった。都市部ではなく農村社会である田舎で育っているのだ。

この点が広大な国土がある中国を舞台に毛沢東が稀代(きたい)の革命家として成功していく背景になるのだから、歴史というのは面白い。おそらく都市部出身のインテリには軍事によって大部分が農村である中国全土を制圧するという覇業はできなかっただろう。

当時の中国は清が倒れてから各地に軍閥が割拠している時代だった。

彼らは勝手に地方を支配しているため、都市部を押さえている国民党政府は軍隊を地方に派遣して、平定させるか、その地域の国民党政府に組み込んでいくようなかたちを取り、支配下地域を増やしていった。

しかし、なかにはいうことを聞かない山賊のようなグループもいた。しかも中国には昔から地方に根ざした秘密結社的な組織も多かった。

田舎出身の毛沢東は、そういう勢力を手なずけて仲よくするのが非常にうまかったといわれている。

たとえば、国共内戦が始まるときに、毛沢東は政治委員として革命軍に派遣され、山賊のような連中の懐に入っていき、彼らと話をつけて共産主義者に育て、軍に組み込んでいった。山賊を手なずけて赤い星をつけさせ、共産党の軍隊に編入するようなことをやっていたわけだ。毛沢東は、そのあたりの器量と度胸が抜群で、弁舌も利くし、頭の回転が速い。理論的というより中国的な〝情〟に訴えるような、リーダーにとって必要な資質を備えていたようだ。『三国志』や『水滸伝』を読めばわかるように、中国では勇気がないと尊敬されない。むしろ度胸や胆力こそが指導者として何より尊ばれていた。

毛沢東は、そういう部分を評価され、政治委員として、指導者のひとりとして、のしあがっていった。

政権は鉄砲から生まれる

中国では「政権は鉄砲から生まれる」という言葉がある。この言葉こそ毛沢東自身を表現するものなのかもしれない。

毛沢東は自ら率先して先頭に立ち、荒々しく勇猛果敢な山賊のような連中を手なずけて支配下に組み込んでいった。

地方のマフィアの親分みたいな連中まで手なずけて中国共産党の軍隊を拡大した。

毛沢東に手なずけられて山賊から人民解放軍の将軍になった人物としては賀竜(がりゅう)がいる。賀竜は16歳のときに牛刀2本で大地主の私兵を襲い、武器弾薬を入手して革命軍を組織した逸話が残されているほどだが、彼のような人物が毛沢東の周りに集まってきて力になっていった。

いわゆる学問的に優れている人ではなく、現実的に力のある人たちが周りを固めていったわけで、戦闘のプロフェッショナルたちの集団が形成されていった。

結局、毛沢東は陳独秀をはじめとした初期のメンバーを追放し、自らの権力基盤を確立させることに成功した。

しかし、毛沢東も、この革命の途中には冷や飯を食わされていた時期があったという。のちに文化大革命によって多くの同志たちを陥れたことからもわかるように、毛沢東は非常に残酷な一面を持っていたことで知られている。

わたしは中国における毛沢東の研究者から聞いたことがあるが、彼からの話は非常に面白かった。

「篠原さん、毛沢東なんて（カール・）マルクスの『資本論』を読んだことなど一度もないですよ。でも、昔の王朝の派閥抗争や権力抗争を書いた歴史書は非常に読んでいました」

と笑いながらいわれた。中国の歴史といえば、そのように血塗られたものばかりで、毛沢東は権力抗争がどのようなものなのかを自国の歴史から非常によく学んでいた。

だから歴史書を実に緻密に読み込み、研究するのが好きだったようだ。日記を読むと、そのことがすごくわかる。

権謀術数に長けていたからこそ、長い内戦や日本との戦争などをくぐり抜け、さらに中華人民共和国建設後の権力闘争でも生き残ったのだろう。

排日運動に注目する毛沢東

当時の中国を侵略して植民地化しようとしていた国は日本だけではない。イギリスをはじめ多くの国が中国に進出し、領土や権益をかすめ取っていた。

先鞭（せんべん）をつけたのはイギリスだ。アヘン戦争に勝利し、それこそ19世紀の半ばから香港を取得。同様にポルトガルもマカオを取り、ロシアやフランスなども続々と進出していく。義和団（ぎわだん）の乱（らん）のときには、それを利用し、各国は常時北京に代表的な軍隊を駐留させるようになっていく。

上海などでは国際都市だといって進出した国の集住地域がつくられ、フランス租界、日本租界、イギリス租界などができ、それぞれの警備はそれぞれの軍隊がやっていた。アメリカ租界もあり、アメリカ軍も海兵隊が来ていたし、フランス軍も来ていたし、イギリス軍も植民地軍として来ていたし、そうやって並び立っていた列強が中国に踏み込んでいた。とくにそのなかで第1次世界大戦の青島（チンタオ）の攻防戦で、日本はほとんど無傷で勝ったことで、中国にもとの利権を持ったまま、ドイツの利権もそのまま引き継ぐことに成功した。

それに対して日本はやりすぎだと列強が干渉してくると同時に、コミンテルンが成立したころの1919年には中国で排日運動が起こる。

要するに進出した国のなかで日本がいちばん目立っていて、そのために排日運動が起きることになったのだ。

軍略家の毛沢東はここに注目する。自分たち共産党がピンチになったとき、日本を悪者にして相手の目をそちらに向けさせることを思いつく。

国民党に追い詰められた毛沢東たち共産党軍は、長征（ちょうせい）といって共産党の軍隊を引き連れて中国の山間部の奥のほう、奥のほうへと逃げていく。最初は10万人ほどいた軍勢も攻撃を受けて1万人ほどまで減る。

追い込まれた毛沢東は抗日戦争のために国民党は共産党との戦争をやめ、もう一度協定を結んで同盟しようと呼びかける。

〝愛国者〟として「日本の軍隊を追い出そうじゃないか」という呼びかけを行い、この呼びかけに、満州（まんしゅう）の軍閥を率いていて日本軍に爆殺された張作霖（ちょうさくりん）の息子の張学良（ちょうがくりょう）など、国民党系の軍閥の指導者が呼応する。共産党の賛同を得た張学良は、蔣介石に対して一種のクーデターを起こす。

この張学良の行動こそ中国史におけるターニングポイントになる。視察に来た蔣介石を逮捕して共産党と一致協力して日本軍に対峙（たいじ）することを訴え、結果としては共産党と国民党との合作を導くことになる。

そのあと張学良は失脚するが、そういうかたちで毛沢東は自分のピンチに外国を敵にして、それを餌に、いちばんの敵対勢力内に味方をつくり、逆転に成功していたのである。

稀代の策略家・毛沢東

これは歴史的な解明が必要だが、日本と中国がなぜ戦争したのかには、さまざまな説がある。日本が一方的に侵略して迷惑をかけたと謝罪しているが、実際はそんなに単純な構図ではない。

義和団の乱以降、駐留していた軍隊が挑発され、1937年に、それが宣戦布告のないまま支那(しな)事変というかたちで日中戦争が始まる。

実は日中戦争がなぜ起きたのかという点については諸説がある。中国共産党がテロ行為で日本の軍隊を挑発し、国民党との戦争に巻き込まれさせる計算で実行したのではないかという話もあるのだ。

要するに戦争を起こさせることで国民党の力を弱め、共産党に有利な状況をつくりだそうとしたという考えである。

現実に周恩来がのちに日本に告白したという証言もある。実は周恩来は戦後の日中国交回復のときに、日本側に「我々は日本に世話になっている。我々がやるべきことを日本がやってくれたから国民党を駆逐することができた」と発言したといわれている。

関東軍による暴走で満州事変勃発

支那事変と異なり、満州事変のきっかけは日本の関東軍による暴発だといわれている。

満州は中国の東北部にあたり、中国という意識が薄い地域で、漢民族とは異なる北方民族、満州族や朝鮮族などさまざまな民族が住んでいる。

実は満州は日露戦争の遠因にもなっている。当時の清は満州の権益の多くをロシア帝国に譲り渡していた。そのことに日本はすごく危機感を覚えていたという。

ロシアは、その権益を利用し、シベリアから長距離の鉄道を敷設する。

それが完成してロシアによる植民地化が進むことを当時の日本は非常に警戒していた。日本がすでに権益を確保している朝鮮半島にまで及ぶと思っていたわけだ。

そのことを警戒した末に日露戦争が起きる。

もちろんアメリカも中国に進出したいと思っていた。

アメリカは日本の背後から進出しようという意識があり、それぞれの思惑が複雑化していったわけだ。

蔣介石を監禁し、第2次国共合作を訴えた張学良は、この満州に権益を確保した軍閥の首領である張作霖の息子で、張作霖は満州の支配を考えている日本にとっては邪魔な存在だった。そのため関東軍によって1928年6月4日に爆殺されている。

張作霖の立場は複雑で、ソ連とも戦っていた。なぜかといえば、ロシア帝国が保有していた鉄道の管理権を日露戦争のあともソ連が引き継いでいたからだ。

張作霖は「その管理権を自分たちに引き渡せ」と主張し、戦争を起こしている。その戦争が1927年に起こって、張作霖はソ連に負けている。結局、引き続きソ連が管理することになるが、これをチャンスと見たのが日本の関東軍だ。

当時の日本は良くも悪くも現地の軍隊の指揮官にかなりの判断権限があった。軍隊の指揮権、統帥権は天皇陛下にあるという建前のもと、政府を無視して勝手に暴走しやすかったのだ。結果的に、そのことが各地で戦線をより拡大させてしまう原因となっていく。

統帥権を盾にされると、東京の政府は出先の軍隊の独断専行的な動きを統率することができなかった。勝手に暴走した場合、抑えられない仕組みがあったのだ。

何かあるたびに現地の軍隊が「わたしたちは天皇陛下のおっしゃること以外聞きません」という言い訳が通ってしまった。

実際には天皇がいちいち各地の軍隊の動きを指示することは原則的にない。「君臨すれども統治せず」で、明治天皇も大正天皇も昭和天皇も、細かな指示など出すわけがないからだ。よほどのことがない限り大命は出されなかった。具体的に何か指示をしたことといえば、二・二六事件のときに反乱将校を鎮圧し処分するように大命を出したことくらいだ。

だから満州事変や支那事変も現地が自主的に判断してやっていた。

結果的には満州にも多くの日本の企業が進出し、関東軍の庇護のもとで経済的に活発になっていく。

軍隊の庇護を受けながら、日本の進出は経済的にも進むが、ただ、その当時、満州自体を中国の版図であると捉える意識は、日本人にも中国人にもかなり低かったという実態があることにも触れておきたい。

日本軍を利用した中国共産党

１９３７年７月から１９４５年８月まで日本と中国の間で争われた日中戦争も、中国共産党の挑発に日本が引きずり込まれて勃発した可能性が高い。

当時の中国派遣公使の重光葵が国民党政府と一所懸命に衝突をおさめようと交渉するが、まとめられなかった。

現場の国民党政府は「なんとかしましょう」というが、最終的にまとまることはなく、挑発が止まらない。

しかも戦争を止めようとしている重光が朝鮮独立活動家による爆弾テロにあってしまう。

わたしは、これも中国共産党の手引きで実行された可能性が高いと思っている。

結局、日本と中国が講和したり停戦したりしようとするのを妨げたい勢力がいたわけで、それが中国共産党の当初の目的でもあった。自分たちを追い詰める国民党を弱める。毒をもって毒を制し、さらに日本を追い出すことも目論(もくろ)んでいく。

毛沢東は、いくつかの著作を残しているが、戦争に関連する著作が非常に多い。『実践論』や『矛盾論』などには具体的な記述も多く、敵の敵をどう味方にするのか、将来の敵を今の敵の力によって弱くさせるなどの策略的な話も多い。

彼の本はマルクス主義というよりは東洋哲学に近く、道教(どうきょう)のような感覚の言葉が並んでいる。

毛沢東は、それらの著作を通して共産党員や軍人たちに戦い方を指南していたわけだ。最終的には国民党を倒すために日本との戦争を拡大し、利用していく必要があると思ったのだろう。

アメリカやイギリス、あるいはソ連が参戦するまでは「日本に勝てなくてもいいから、負けなければいい」。

そのスタンスで、ひたすら戦争を泥沼化させていく。

そういうなかで日本軍も国民党軍も戦争から足抜けができないような状況にして、自分たち共産党の兵力は来るべき日に備えてひたすら温存していく。

その考え方で日中戦争を乗り切り、1945年8月に日本が敗れて戦争が終わると、今度はボロボロになった国民党軍に対して後ろから襲いかかるようなかたちで共産党が攻めていく。

しかも、これがポイントだが、日本の関東軍が崩壊したとき、中国東北部の満州を中心にほぼ山海関のあたりまで日本軍がいなくなった空白地帯を占拠するかのようにソ連軍が侵攻する。それを背景にして共産党は一気に国民党を攻め、それから約4年間かけて台湾以外の地域をほぼほぼ占領していく。

日本の降伏から4年後の1949年10月1日に中華人民共和国の建国宣言が行われ、その2カ月後の12月7日、大陸の占領地域を失った蒋介石の国民党軍は台湾へと撤退する。それが第2次国共内戦の顚末だった。

中国周辺の扱い

当初の国民党は現在の中国と同じ版図を支配していたわけではない。国民党政府の支配領域だったモンゴルはソ連に切り取られ独立した。

　実は台湾政府はモンゴルという国を承認していない。なぜかといえば、国民党政府の理解ではソ連に侵略された地域だと思っているからで、台湾ではそれが引き継がれている。清が滅び、中華民国が成立したあとの1924年にモンゴル人民共和国は建国される。

　それに比べて現在の新疆（しんきょう）ウイグル自治区は中国の領土という意識はあまりない地域だった。辛亥革命のあと清の版図を引き継いだ中華民国に属し、漢民族の省主席によって半独立的な領域支配が行われた。これに対して1933年と1944年の2度にわたり、土着のムスリム（イスラム教徒）によって民族国家東トルキスタン共和国の建国が図られた。だが、国共内戦で東トルキスタン共和国のセイプディン・エズィズィと新疆省のブルハン・シャヒディらが中国共産党に帰順したことにより、この地域は中国人民解放軍が占拠し、1955年に新疆ウイグル自治区が設置されている。

　新疆ウイグル自治区の西南部にあたるチベット自治区は清の崩壊後、ダライ・ラマ13世を中心に独立国になろうとするが、最終的には中国共産党の全土制圧の流れのなかで人民解放軍により進駐され、1951年にラサが占領され、チベット全土が制圧される。

　しかし、1956年から1959年にかけてチベット人の抗中独立運動が起こり、ダライ・ラマ14世が亡命するなど、チベットの独立問題は現在まで尾を引いている。

満州についても日本が中国から切り取ったという見方もできる。清が領有していた満州と呼ばれる地域のうち、外満州はアイグン条約および北京条約でロシアに割譲され、内満州の旅順、大連は日露戦争まではロシア、戦後はポーツマス条約と満州善後条約によって日本の租借地となっていた。

1931年（昭和6年）9月18日に柳条湖事件に端を発して満州事変が勃発すると、関東軍により満州全土が占領される。

その後、関東軍主導のもとに中華民国からの独立を宣言し、1932年3月1日に満州国が建国される。元首には清朝最後の皇帝・愛新覚羅溥儀がつく。ベルナルド・ベルトルッチ監督による映画『ラストエンペラー』の主人公となった人物だ。

満州にも、さまざまな変遷があり、チベットと同じように、もともと中国の支配が安定していた地域ではない。そういう地域だったと捉えておくのが、歴史的経緯に照らして正確だといえよう。

第4章 建国後の苦しみ

北京西苑で中国人民解放軍戦車部隊を観閲する毛沢東主席。朝鮮戦争に膨大な志願兵を送り込んだことで中国が負った痛手は相当のものだった（1949年）

中華人民共和国の建国

1945年に第2次世界大戦が終わり、日本と中国の関係では日中戦争も終結し、日本が敗戦する。

それまで進駐していた日本軍は中国全土から撤兵していくが、それと同時に日本が併合していた朝鮮半島も独立することになる。ところが朝鮮半島では分断が生まれる。ソ連が占領した北部地域と、アメリカが占領した南部地域がそれぞれ別々に政府をつくることになる。

これが第2次世界大戦後に勃発する冷戦の火種となっていく。

スターリンの後押しを受けてできた金日成（キムイルソン）率いる北朝鮮政府は、朝鮮半島を武力で統一しようということで、革命が終わりボロボロだった中国に対し、「スターリンと一緒に後ろ盾になって、力を貸してほしい」と要請した。

そのころ、中国の共産党軍（紅軍（こうぐん））は人民解放軍と名前を変えている。

中華人民共和国が成立したころ、民族別に部隊がつくられていて、なかでも第4野戦軍が朝鮮人主体の部隊だった。

そこには日本人もいて、ソ連から援助された武器で武装していたが、これが朝鮮人民軍（北朝鮮軍）の土台となった。

ソ連から武器が来て中国側から朝鮮族の兵隊が参加してつくったのが北朝鮮の軍隊、朝鮮人民軍だ。もちろん北朝鮮側の土着民からも駆り出されているが、主力は大東亜戦争や第２次国共内戦を戦ったことがある練度のある兵隊たちだった。

北朝鮮による南進は、１９５０年の6月25日に始まる。

当初、金日成は自信満々でアメリカ軍の数も少なく、韓国軍も寄せ集めだろうから、一気に攻め入れば占領できると強気で侵攻した。

この目論見はおおよそ当たり、実際に南部の釜山周辺以外の韓国のほとんどの地域を手中におさめる。一時、米韓側は、そこまで追い詰められている。

ところがＧＨＱ（連合国軍最高司令官総司令部）の総司令官だったダグラス・マッカーサーは日本駐留のアメリカ軍を大挙投入することで巻き返しを図っていく。ソウル付近の仁川に奇襲上陸を敢行し、相手の退路を断つと、朝鮮人民軍は崩壊状態になって敗走。

まだ革命から日の浅い北朝鮮軍は焦っていく。北朝鮮までアメリカに占領され、中朝国境すら突破しそうだというときになり、中国が動く。

スターリンから「装備には責任を持つので金日成を助けてやってくれ」といわれ、１００万人以上の人民解放軍部隊を義勇軍のように粉飾した「人民志願兵」の名を冠して送り込むのだ。

彼らの存在は建前上、「自ら志願した義勇兵」ということになっている。中国が正式に参戦を表明したことにしないための方便だ。現在、ウクライナで戦っているNATO（北大西洋条約機構）各国の兵士たちが「義勇兵」と位置づけられているのと同じようなものといっていいかもしれない。

中国は直接送ったということにしたくないため、あくまで志願したというかたちになったわけだ。

だが、「志願」とはいえ、実際には軍が命令して送り込んでおり、しかも100万人、最終的にはのべ200万人という規模。実際には経済的負担もバカにならなかった。建国から日の浅い時期に、いちばんの働き手である男性たちを各地から送り込むわけだから当たり前である。

これは、のちのちの中国経済へ深い影を落としていく。

中国は革命勝利の直後から内戦による傷み以上の深傷を負った。ボロボロになった状態で1950年代を迎えることになるのだ。

朝鮮戦争がもたらした大きな影響

もし朝鮮戦争が起こらず、膨大な志願兵を送り込むことがなければ、台湾を支配する国民党対策に力を割くこともできたかもしれないし、内政の充実も図ることができただろう。

長い戦争で荒廃した中国に新たな産業を興すこともできたかもしれない。

実は、この朝鮮戦争への派兵は相当な人的被害があり、働き手を失うことになった。中国の博物館などで示されたデータでも48万人もが戦死している。

しかも、いちばん優れた歴戦の兵士たちを送っていたので、単に人数だけの問題ではなく、国家としての大損失だった。

中国はたびたび仕掛けた台湾との軍事衝突でも、かなりの人的損失を出している。上陸作戦の失敗を繰り返し、戦費がかさんだことによる経済への悪影響も大きかった。

本来、内政にあてなくてはいけない資材や食料が戦争に注ぎ込まれたわけだ。

このころは、まだ中国に近いソ連自体も大戦からの復興が進んでいなかった。

ソ連は日本の侵略軍から満州を解放したといっているが、実際には日本軍の残した兵器にとどまらず、工業機械や資材などを残らず収奪していっただけだった。

だから中国の東北部は、それまでは日本によって農業や工業の開発が進んでいたのにもかかわらず、ソ連に略奪され、イチから経済再建に取り組まなければならなかった。

結局、中国共産党政権にソ連から引き渡されたのは関東軍が残した旧式な武器くらいで、ゼロから炭鉱や油田の開発に取り組んでいったというのが中国東北地方の戦後の姿だった。

第2次世界大戦後の戦争としては相当大きな規模である朝鮮戦争と、台湾の解放に失敗した中国共産党だが、朝鮮戦争についてはひとつの〝勲章〟にもなっているという。朝鮮戦争に志願兵が参戦し、アメリカ相手に北朝鮮の危機を救ったことは「歴史のなかでアメリカに勝ったのは我々だけ」というプライドとなったのだ。

わたしは、かつて人民解放軍の将軍からこういわれたことがある。

「朝鮮戦争は金日成が起こして負けたから我々が駆けつけて、アメリカを倒してやった」

彼らは当時から70年以上が経った今でもこう述べるほど誇りを持っている。

台湾侵攻の試み

中華人民共和国建国後も、北京政府はたびたび台湾に亡命した国民党政府を倒そうと軍事的な試みを行ったが、その都度失敗する。

当時、中国の友好国であるソ連は台湾侵攻についてもバックアップしてくれた。中国人パイロットにはジェット戦闘機に乗れるほどの熟練者がいなかったので、朝鮮戦争のときと同じように、手練れのソ連人パイロットを送ってもらっていた。

実は人民解放軍の航空学校は日本の陸軍航空隊の人たちが現地に残ってつくっている。その当時も早くから教育された人たちがジェット戦闘機に乗っていたが、十分な数がいなかったので、スターリンが中国に送り込んだソ連軍人たちが国民党政府軍と戦ったのだが、結局、勝利につなげることはできなかった。

台湾への上陸作戦に一度も成功しなかったのは、作戦に適した武器や装備が十分なかったからだ。

現在は装備こそそろっているが、アメリカの研究所が2023年1月に、24のケースでシミュレーションを行った場合、どのケースも中国は失敗して1万人以上の戦死者を出すという予測を発表した。負傷者と捕虜まで含めると10万人前後になるわけで、中国がいざ上陸作戦に踏み切れるのかというと疑問符がつく結果となっている。

台湾の複雑な立場

もし第2次国共内戦の最終段階で一気に国民党軍を攻め滅ぼすことができていれば、現在のような台湾問題を抱えることはなかっただろう。

ただ、台湾については、もともと清の時代から中国にとって自分たちの明確な領土であるという意識は薄かった。

なぜなら台湾も土着の人たちは漢民族ではないのだ。だから中国本土にしてみたら周辺部の一地域という意識が強かった。

実際、本省人、外省人という言い方を現在でも台湾人たちは使っている。もともと大陸から渡ってきた人（外省人）に対しては台湾の人々ではないという意識が本省人にも外省人にも残り続けている。

たとえば、台湾独立派の故・李登輝氏もそうだが、台湾の本省人は顔つきや肌が漢民族と少し違う。

さらに台湾は日本の統治時代は比較的安定的な統治をされていたので、革命運動が入る余地がなかった。そのため、第2次国共内戦のなかでも大陸と合わせて解放するという動きが起きなかったようだ。

大躍進政策での失敗

朝鮮戦争に参戦した影響で国内経済はボロボロになった中国だが、その後はどうなったのか。

毛沢東は「大躍進政策」でなんとか経済的に立て直そうとするが、まったくうまくいかなかった。

1957年6月の反右派闘争や、毛沢東への個人崇拝の絶対化などもあり、主導権を得た毛沢東の指導のもとで、1958年5月から1961年1月までの間、中国では農作物と鉄鋼製品の増産命令が発せられた。

この大躍進政策を推進しながら反対派を粛清し、国民の財産をすべて没収して共有化する共産主義政策を推進した毛沢東は、「核武装や高度経済成長によって先進国であるアメリカ合衆国やイギリスを15年で追い落とす」と宣言。

しかし、非科学的な増産方法の実施、「四害駆除運動」で蝗害（バッタの大量発生）を招き、政策に反対する多数の人民を処刑死、拷問死に追い込んだため、中国国内で大混乱を招き、大飢饉の発生や、産業・インフラ・環境の大破壊、中華人民共和国の最少出生数記録の更新を招くなど、悲惨な事態が続出する。

毛沢東は権謀術数などの権力闘争は巧みだが、経済政策にはまったく無頓着。平時の政治家としてはまったく役に立たなかった。

「鉄の生産量を増やそう」と呼びかけたが、農民に小さな野天の高炉をつくらせ、砂鉄を溶かして鉄をつくろうなどと非常に原始的なことをやらせて、最後には鉄製品を農具に至るまで溶かすまでエスカレートさせたうえで大失敗をする。

結局、農業政策も破綻する。大躍進政策の結果について中国の学者の説明を受けたことがあるが、推定で1500万〜5500万人が失策で餓死したといわれている。

建国の英雄としての毛沢東の失墜

この「大躍進」大失敗の結果、「日本帝国主義を追い出して革命を成功させた建国の父」という毛沢東のカリスマ性が弱くなっていく。

「労働者と農民のための社会主義を建設するための指導者としては歴史的な限界があるので引退してもらおう」という声が上がり、平時の指導者としては退くことになる。

その代わりにリーダーとなったのが劉少奇（りゅうしょうき）だ。彼は毛沢東より若い世代で、モスクワに留学して非常に知的なセンスがある指導者だったといわれている。ソ連もスターリンが1953年に亡くなり、ニキータ・フルシチョフの時代になり、経済建設に力を入れようという声が高まっていたこともあった。

劉少奇は1959年に毛沢東に代わって国家主席に就任。毛沢東は中国共産党中央委員会主席と中央軍事委員会主席にはとどまり、党内序列も1位、劉少奇が2位だったが、国政の最高責任者についたことで、形式的には毛沢東を超える地位となった。

しかし、毛沢東は自らの地位を脅かされることに我慢できなくて、翌年の1960年から奪権闘争をやり始める。

「自分はまだできるぞ」と言い出し、劉少奇はもちろん、自分に批判的なかつての部下たちも粛清する「文化大革命」を発動することになる。

この文化大革命では弾圧された人は中国の公式発表でもなんと1億人。そのうち数千万人が亡くなったといわれている。

よく共産主義が生まれて革命を起こしたり、粛清したり、1億人殺したり、などといわれるが、実はそのうちの半分以上が中国の大躍進政策と文化大革命による被害者だと思う。

史上稀に見る大虐殺

文化大革命ではどんなことが行われたのか。

1966年から始まった文化大革命は1976年まで10年にわたって続き、中国を大混乱させる。

これは毛沢東の主導による「文化改革運動」を装った劉少奇からの奪権運動、政治闘争だった。「造反有理」（謀反には道理がある）を叫ぶ紅衛兵たちの活動に始まって、中国共産党の指導層の相次ぐ失脚、毛沢東の絶対化によって、中国社会は激しく荒れ、大きな禍根を残して挫折する。

毛沢東は劉少奇ら経済建設優先の考え方を「資本主義に走る走資派だ」とレッテルを貼って、彼らを窮地に追いやっていった。ムチャクチャな屁理屈を振りかざし、経済立て直しの政策を実行している党の幹部に対して自分のシンパの民衆を動員して幽閉したり、いじめ抜いたりして、どんどん殺していった。

優れた行政手腕の党幹部や学者がいっせいに追放されていった。

追放された人たちの末路は本当に悲惨で、地方に追放された大学の先生が養豚場に勤務することになって、豚小屋でフンの担ぎ出しをさせられるなど、想像を絶するエピソードが残っている。

実は現在の国家主席である習近平の父親の習仲勲も、このときに追放されている。

また、習近平本人も、その煽りを受けて、70年代に農村に下放されて大学に行けないまま働かされている。

彼は政治的な勘がよかったのか、その地域の中国共産党の組織で名を上げ、北京に戻って清華大学に入学することが許され、出世の階段を上ることができたわけだが、若いときに下放された経験は忘れられないだろう。

一方で、習近平は「下放」された先が毛沢東が中国の革命のなかで国民党に追い詰められて

「長征」で落ちのびた延安(えんあん)のあたりだったことから、その歴史をうまく利用し、自分は毛沢東の後継者であるかのように宣伝させている。

文化大革命は10年間続き、経済建設の件では「全部走資派のせいだ」と批判して、農業生産もどんどん落ちていった。当時を知っている中国の老幹部にいわせると、「平等だけれど、等しく貧しい時代だった」と口をそろえるほどのものだ。

この文化大革命によって経済発展が主要国に比べると30年遅れたといわれているが、独裁者の毛沢東が1976年9月9日に死んだことによって大きく変わっていくことになる。

劉少奇の死、耐え忍ぶ周恩来

一時期は毛沢東に代わる指導者となり、大躍進政策後の混乱を収拾しつつあった劉少奇も1966年に発動された文化大革命によって弾圧され、1969年11月12日に亡くなってしまう。

劉少奇の死は当初は高級幹部以外の国民や国外にはほぼ秘匿されたままで、生死不明の状態が続いた。その間、生存説が海外のメディアで報じられることもあったという。

毛沢東の死後、鄧小平が実権を掌握していた1980年2月に劉少奇は名誉回復を果たすが、劉少奇が病死していた事実は、このとき初めて内外に広く知られることになった。

一方、周恩来はいじめられながらも首相の立場で我慢し、なんとか立場を保ち続けた。彼も最終的には毛沢東や文化大革命の時期に権力を握り台頭する四人組（江青、張春橋、姚文元、王洪文）から責められ続け、ガンにかかっても治療が許されず、毛沢東と同じ年の1976年1月8日に亡くなっている。

昔、文化大革命の最中に日本共産党が代表団を送って話し合いをしたときの話を当時、宮本顕治書記長に同行していた幹部から聞いたことがある。周恩来と約束して決めたことのほとんどが結局、毛沢東によって反故にされてしまったという。

周恩来は毛沢東と適切な距離を終始保ち続けたことで、一度も失脚せずに寿命をまっとうすることができた稀有な人物だった。

かつては毛沢東より上の立場だったこともあったが、自分が干されないように地位を守るように振る舞うのが得意だったのだろう。毛沢東も周恩来のことを最後まで警戒しながらも、政治家としての能力、とくに外交的な交渉力もあって、仕事を任せ続けていた。

この時代、毛沢東の後継者的な存在と見られているのが林彪だった。彼は失脚した劉少奇国家主席に代わって毛沢東党主席の後継者に指名されたが、1971年9月、四人組などとの政争に敗北してソ連に亡命する途中でモンゴルにおいて搭乗機が墜落し、死亡した。林彪は文化大革命時代に「毛沢東の軍師」として多くの軍幹部を失脚に追い込んだといわれている。

また、のちの指導者となる鄧小平も劉少奇に近い走資派の走狗だといわれていたこともあって、文化大革命では一度追放され、いったん復活して、すぐにまた追放されている。しかし、毛沢東の死後、最終的には復権を果たしている。

鄧小平はフランスやソ連で学んだあとに帰国して共産党軍の一員としてゲリラ闘争に参加。建国後には幹部となり、1957年6月に始まった反右派闘争で総書記としてその指揮を執るが、毛沢東の指揮した大躍進政策の失敗以降次第に彼との対立を深めていく。

大躍進政策失敗の責任を取らされて毛沢東が政務の第一線を退いたあと、総書記だった鄧小平は国家主席の劉少奇とともに経済の立て直しに従事。この時期には部分的に農家に自主的な生産を認めるなどの調整政策が取られ、一定の成果を上げていった。

だが、毛沢東はこれを「革命の否定」と捉え、文化大革命の勃発以降は「劉少奇主席に次ぐ党内第2の走資派」と鄧小平を批判。

1968年10月には全役職を追われ、さらに翌1969年に江西省の南昌に追放された。「走資派のトップ」とされた劉少奇は文化大革命で死ぬが、「あれはまだ使える」という毛沢東の意向で鄧小平は殺されることはなく、党籍だけは剝奪されなかった。

1973年3月には周恩来の復活工作が功を奏し、鄧小平は党の活動と国務院副総理の職務に復活し、病身の周恩来を補佐して経済の立て直しに着手。この年8月の党大会で中央委員に返り咲き、12月には毛沢東の指示によって党中央委員会副主席、中央軍事委員会副主席、中国人民解放軍総参謀長となり、政治局を統括した。

1975年1月、国務院常務副総理（第1副首相）に昇格し、周恩来の病気が重くなると、党と政府の日常業務を主宰するようになる。

着々と失脚以前の地位を取り戻していくが、周恩来が没すると、鄧小平の運命は再び暗転。江青たち四人組が率いる武装警察や民兵が天安門広場で行われていた周恩来追悼デモを弾圧すると、デモが反革命動乱と認定され、鄧小平はこのデモの首謀者とされて再び失脚する。

1976年9月に毛沢東が死去すると、後継者の華国鋒を支持して職務復帰を希望。四人組の逮捕後の1977年7月に3度目の復活を果たした。

鄧小平が復帰できたのには理由がある。

1970年代に入ると中国は難しい立場になり、国力の復活のためにアメリカや日本と国交を結ぼうとする。大躍進、文化大革命の大損害があり、それだけ経済的に行き詰まりが激しかったのだ。

さらにソ連と対立したときに核戦争になれば、中国は致命的な打撃を受け、復興が難しくなるという不安を持った。

日本との関係の改善を志したり、アメリカとの関係を改善したりするなど、毛沢東も周恩来も中国の先行きに不安になり、さまざまな策を打っていく。

そのときに能吏が必要だから、もう一度、鄧小平を使おうとしたと見られる。鄧小平は、それで一時的に復権を果たすが、結局、また失脚する。しかし、毛沢東の死去後にまた復活し、最終的に中国経済復活の立て役者となったのだ。

四人組の時代

10年も続いた文化大革命では周恩来も冷遇され、毛沢東に引き立てられた四人組が中国を実権支配していく。

彼らにとっては鄧小平などの能吏は敵になる。この時代には毛沢東も相当高齢になり、耄碌(もうろく)をしていたらしく、権力を握った四人組が我が物顔で振る舞っていたようだ。

周恩来が亡くなり、毛沢東が死去し、四人組が失脚する。その後、誰が中国を立て直すのかというときだったが、結局、鄧小平が指導者としてのしあがっていくことになる。

当時、華国鋒という主席がいたが、彼は能吏ではなかった。そのため、復権した鄧小平が1978年に改革開放路線を打ち出して、中国を復活させていく。

政治的な支配はもちろん中国共産党のままだが、市場経済を導入し、これまでの平等から、

「高い山の裾野が広がるように富めるものが富む」なかで、みんなが豊かさを享受できる社会をつくろうという方向性が示されたのだ。

第5章 鄧小平による経済発展

会議に出席している鄧小平。失脚と復権を繰り返すという流転の政治家人生を歩みながらも、現在の中国の経済発展の礎をつくってきた（1975年9月25日）

鄧小平の不思議な立ち位置

現在の中国の経済発展の礎をつくった鄧小平だが、復権し、権力を握ったのちは国家主席にはなっていない。彼は党総書記などの重職はできるだけほかの者にやらせ、自らは決して正式なポストにつかなかった。

おそらく直感的に、ポストというものが権力とイコールになり、権力抗争の原因になるという自覚があったのだろう。さんざん失脚と復活を繰り返していた鄧小平だけに、ポストにつくことが、すなわち失脚する可能性を高めるという危機意識を強く持っていたと思われる。

自分は正式なポストに就任せずに裏からフィクサーとして動くほうが、政治的な寿命も長く保たれると思っていたのかもしれない。

同時に、これは彼が非合法な共産党運動のなかで身につけた一種の政治スタイルだといえるかもしれない。鄧小平ほど失脚と復権を繰り返した政治家は珍しい。その流転の人生のうちに彼自身が独自の政治哲学を身につけたのだ。

鄧小平で、もうひとつ面白いのは、フランス共産党にも参加していて独特の動き方をしていたことだ。彼はフランス留学中の1922年に中国少年共産党に入党し、機関誌の作成を担当。

「ガリ版博士」とあだ名され、1925年には中国共産党ヨーロッパ支部の指導者となり、フランス政府に危険分子と見なされていた。

復権を果たした鄧小平が最初にやったことは、文化大革命の犠牲者の家族たちに対する復権運動だった。鄧小平の息子の鄧樸方（とうぼくほう）も文化大革命のときに紅衛兵の攻撃目標になり、建物の3階から突き落とされて脊髄損傷を負い、下半身不随となっている。文化大革命が鄧小平にもたらした影は、公私にわたって相当に大きかったといえる。

鄧小平は亡くなった劉少奇の妻の王光美（おうこうび）を釈放し、劉少奇の名誉回復を行った。

そのほかにも犠牲者の家族や縁戚を集めて慰労をして亡くなった人たちの記録を掘り起こし、いかに文化大革命が理不尽だったのか、共産党が発行する人民日報をはじめ、多くの雑誌にキャンペーンをさせていく。

彼らの恨みを晴らすことにとどまらず、一種の名誉回復運動をやったわけだ。

このことは一見、権力闘争に見えないのだが、鄧小平にとっては権力闘争そのものであった。自分と同様に文化大革命で虐げられた人たちを支持基盤に取り込むことで、自らの支持者を増やしていく必要があったのである。

彼らのなかには、もちろん優秀な人もたくさんいて、鄧小平体制を支える人材になっていく。しかも自分の近親者の名誉回復をしてくれているわけだから、「鄧小平同志こそ新しい時代の指導者だ」と信頼が自然と集まっていった。これまで苦境にあった自分たちの生活の改善だけでなく、名誉まで回復してくれた鄧小平への信任は厚かったのだろう。

鄧小平は自身の政治基盤を強めながら路線変更に踏み切っていく。

中国の貧困を変えるために「新しい中国式の社会主義」の必要性を訴えながら日本の財界にも働きかけ、田中角栄がつくった日中国交正常化以降の人脈をたどっていく。

このときは日本の経済界も将来大きな市場になりうる中国のことを狙っていた。

もちろん日本だけでなくアメリカやヨーロッパ各国とも協調的で、主に日米の起業家たちが中国を訪れ、技術協力を惜しまずに中国の経済発展に協力している。工場の経営から始まり、資本主義経済に必要なノウハウを授け、中国が経済成長する道筋をつくっていった。

鄧小平は訪日の際、日本の産業やインフラの〝最前線〟を視察している。

最新のトヨタの自動車工場を視察したり、首都高速道路に自動車に乗って走る体験をしたり、率先して日本の先進性を国内に示す意向で動き、中国の指導者層に取り入れることを推奨していった。

鄧小平による改革は成功し、中国は発展していく。資本主義を取り入れたことで、経済も他国にないほどのスピードで発展した。まさに経済成長率は武器であった。

日本は最初は穿（うが）った見方をしていた。中国が自分たちに追いつくことはないだろうと見なして気前よく援助をしていく。毎年多額のODAを提供し、中国の経済発展が進んだあとも止めることはなかった。

鄧小平時代の後半になると、世界有数といわれる上海浦東(プードン)国際空港が日本の資金提供によって建設されるということまで起きている。今では上海経済圏だけで日本のGDPと同じ規模なのだから、こんなものをODAで支援するのはおかしな話である。

鄧小平の巧みなところは、資本主義のよい部分だけを「いいとこ取り」し、西側諸国で当たり前となっていた民主主義、民主化は決して取り入れなかった点だ。

中国共産党による一党独裁体制を壊す可能性があるものは徹底的に排除していった。鄧小平は共産主義者にとっていちばん大事なポイントを手放すことは決してなかった。西側各国が期待を寄せていた政治の民主化には決して着手しなかったのだ。

鄧小平の危機感

「無制限に民衆に自由と権利を与える民主化を進めると、どこかで共産党による支配が壊れてしまうだろう」

さまざまな苦労を経験した鄧小平は、そんな危機感を持っていたようだ。

しかし、ある程度、物質的に豊かになってくると、人々はさまざまなものを要求するようにもなる。民主化や格差是正を求める動きが学生や若い人たちを中心に高まって、天安門事件が起きる。１９８９年、北京市にある天安門広場に民主化を求めて集結していたデモ隊に対して軍隊が武力行使し、多数の死傷者を出した事件である。

民主化を求めるデモは、改革派だった胡耀邦元党総書記の死がきっかけとなって起きた。最初は天安門広場で、そして広場周辺に集中していたが、のちに上海市を含めた国中の都市に波及していった。

鄧小平の決定によって5月19日に北京市に戒厳令が布告され、武力介入の可能性が高まったため、趙紫陽総書記や知識人たちは学生たちに対してデモの平和的解散を促したが、学生たちの投票では強硬派が多数を占め、デモ継続を強行したため首都機能は麻痺に陥っていく。

6月4日の未明、中国人民解放軍は兵士と戦車で北京の通りに移動してデモ隊の鎮圧を開始した。衝突のあと、中国共産党当局は広範囲にわたって抗議者とその支持者の逮捕を実行し、外国の報道機関を国から締め出し、自国の報道機関に対しては事件の報道を厳格に統制させた。戒厳令布告に反対した趙紫陽は総書記ほか全役職を解任され、２００５年に死去するまで自宅軟禁下に置かれていた。

鄧小平は民主化だけは許すことができないと、武力行使に踏み切った。話し合いによって、ある程度でおさまるならよいが、奪権闘争になった場合には武力で鎮圧すると迷わずに断言したのは鄧小平である。

むしろ彼より若いほかの指導者たちは勇気がなく、決断ができなかっただろう。そういう意味では、鄧小平は建国前の苦渋の時代を知る革命の第1世代でもある。

だから彼は資本主義を取り入れたとはいえ、根っからの共産主義者。彼が現在の中国共産党のベースをつくったといえるだろう。習近平も「毛沢東思想」とよく口にしているが、実際は鄧小平の思想のほうが近いと思える。

毛沢東が評価され続ける理由

内政面、経済面では指導者としての手腕が疑問視されている毛沢東だが、現在も中国では評価されている。これはなぜなのか。

共産主義は本質的に、基本的には宗教性を帯びたカリスマ性のある指導者の存在が欠かせない。ソ連時代はレーニンやスターリンがそうだった。その意味では毛沢東は中国における革命のイコンだ。

しかし、普通の人々がさまざまな情報を容易に知ることができるようになるとカリスマ性は崩れていくため、毛沢東のあとにそれを発揮できる人は出てこなくなってしまった。

最後のカリスマといえるのは鄧小平くらいであろう。

鄧小平のあとを継いだ江沢民もカリスマ性をまとうためにいろいろやったが、ことごとく失敗している。江沢民は自らの〝偉大さ〟を演出するために、わざわざ〝伝記〟をアメリカ人のロバート・ローレンス・クーンに書かせていた。発売されたときは中国全土どこの書店でもあきれるほどに山積みになっており、大ベストセラーになったといわれていた。わたしも中国の国営書店で大量に積まれているのを見たが、実際はあまり売れている様子はなかった。結局、つくりあげた権威で大衆の人気を喚起するのは難しいのだ。

中国が続ける100年マラソン

「プロレタリアート独裁」を経て理想の共産主義にたどり着くというのが共産主義のそもそもの教理だが、果たして中国は今後も本物の共産主義を実現しようとしているのか。

日本の共産党も似たようなことをいっており、その点はまだ変わらない。共産主義の看板を下ろすことはないだろう。

一方、アメリカは中国に対する見方の過ちに気がついて、次のようにいっている。

「彼らは100年マラソンを走っている」

100年の周期で世界の覇者の立場が変わる。今の中国はアメリカに成り代わって世界のトップに立とうとしており、そのために100年を見据えてひたすら走り続けているという。

本当の共産主義社会の実現には中国政府自身も100年以上かかると思っているわけだ。

それまではアメリカという常にパワーを持ち、いまだにかつての帝国主義のように世界各国を植民地にして搾取を続けている国に対して警戒し続けるだろう。

「現在は中国が強いパワーを持っているから対等に戦えているが、アメリカは今度は中国を狙ってくる。それが帝国主義の本質」だと考えている。

今は武力衝突をともなう戦争はやらなくても経済競争、軍事技術競争などあらゆるかたちの戦争が展開され、中国はあらゆる面で勝利をし、地道に進めている。

わたしは胡錦濤時代に中国政府のブレーンを務める清華大学のとある教授が来日した際に対談したことがあった。

彼は社会主義建設計画の策定者のひとりで、遅くとも2040年には中国が世界の覇者としてトップになるという見通しを持っていた。そこから本当の時代が始まるという考えが彼のものだった。

独裁を経て共産主義になる道を諦めていないのだ。そして現在の中国は何よりアメリカを越えることを目標にしている。アメリカを抑え込み、アメリカを飛び越えることで、自分たちと世界の本当の時代が始まると思っている。

しかし、中国が他国に対して対等な関係になるわけではない。中国が経済的に投資しているアフリカ各国との関係は、文字通り植民地そのもの。アフリカ各国は今も中国に搾取され続けている。

中国共産党はソ連が崩壊したあとも「共産主義は死んでいない」という建前を崩していない。現在の議論でも中国共産党はなくならない。それは変わらない。党校という幹部養成の学校があるが、そこではそういう教え方をしている。

現在の市場経済は完全な資本主義ではなく、社会主義に移行するまでの一時的なものというスタンスを変えていない。あくまで「中国式社会主義」である。

習近平が考える中国の版図

習近平が強調しているのは「偉大な中華民族の復興」だ。中華民族は従来は漢民族だけであったが、習近平がいうところの中華民族は孫文の三民主義をベースとした考え方であった。

孫文は、かつて中国が文化的にも政治的にも覇者だった時代に版図とした範囲の民族を中華民族と呼んでいる。一方で、習近平が唱えるところの中華民族の特徴は、共通の文化を持ちながら、それぞれ地域的な文化を保有しつつも、政治的には中国共産党のもとで団結している。これは習近平による特殊な民族論なのだが、習近平と現在の中国共産党の目指すものはそういう民族だ。

もちろん最も多い漢民族こそ、いちばん基幹的な民族として考えている。しかし、中国には、そのほかにもいろいろな小さな民族がいる。漢民族のほか、モンゴル族、満州族、チベット族やウイグル族などの少数民族も中華民族を構成する民族に含まれている。少数民族といっても、ウイグル人だけで１０００万人以上存在するのだ。

中国共産党によって中華民族に属すると定められた人々が居住する地域を中国の一部であると定義することによって、結果的に中国はそのような人々や地域を武力で併合していく帝国主義の一種だと問題視する見方もある。

すべてが中国共産党のもとに団結するということになっているから、それが中華民族の要件になっている。だから、それ以外のものは存在が許されない。

ちなみに中国の歴史を遡っていくと、漢民族以外の民族が、支配的立場になっている王朝も多い。

モンゴル族が建国した元（げん）や、女真族（じょしんぞく）が建国した清などが代表例だ。

しかし、現在は漢民族があくまで中心で、そのベースを維持したいという気持ちがあるのだろう。

漢民族の支配的地域を中心に版図全体を染め上げていきたいというのが、習近平に率いられる中国共産党の野心である。

わたしは毛沢東以来発展してきた中国流共産主義と、孫文が訴えた三民主義が結びついたのが習近平主義だと思っている。

中華民国建国の父である孫文の三民主義はあまり意識されていないが、漢民族の王朝である明王朝の復活、そして漢民族王朝の復興こそが孫文の率いた当時の国民党の目標であった。

一方、中国共産党はコミンテルンの主導で生まれた政党でありながら、「国民党のなかの一派閥」という要素もあった。

国民党が母体になっている中国共産党のなかで、孫文の三民主義とヨーロッパから持ち込まれてきたマルクス・レーニン主義が結合して新たな段階で復活したのが習近平主義だ。

わたしは、この習近平主義をこれまでの毛沢東思想をもう一歩進めたものとして見ている。

現代中国の礎をつくった鄧小平

鄧小平の改革開放路線は現在の中国の経済力の礎となったが、鄧小平の改革開放路線がなければ、現在の習近平は登場しなかっただろう。

鄧小平は文化大革命が終わり、毛沢東が死去した直後に復活した。彼は文革の嵐が吹き荒れた時代には劉少奇らと同様に走資派の一員として事実上粛清され、軟禁状態にあった。弾圧され、失脚したものの、復活する日をじっと待っていた。

その鄧小平が復活して行ったことは文革の10年間、そしてそれ以前も失政が続いていた時代を挽回(ばんかい)するために、それを乗り越えて真の大国にふさわしい中国となるように改革を進めていったことだ。

その際に参考にしたのが当時、経済成長が著しかった隣国の日本である。

鄧小平は中国人民を市場経済のもとで競争させて経済発展させる必要を感じていた。

ただし鄧小平がしっかり意識していたのは、中国共産党による一党独裁体制を維持していくという点だ。

中国共産党が政治をコントロールしながらも資本主義経済を導入し、経済成長をさせたところに改革開放路線があった。

そこに本質がある。

その際、優秀な幹部をもう一度復活させるということで、文革の名のもとに横行した恐怖の弾圧政治を反省させた。

その際には、自分をはじめ、党の幹部たちや家族がどのように弾圧されたのか、その記録をオープンにしていった。

文化大革命のときには、習近平の父親であり、中国共産党の古参幹部であった習仲勲も弾圧されている。何より習近平本人も地方に飛ばされている。

鄧小平は、そういった被害者が受けた出来事がいかに不当だったのかということを告発させていく。

関連する出版物をどんどん発行させて流通させていった。１９８０年代前半、20代の日本共産党員だったわたしは党の国際情報誌『世界政治資料』に次々と掲載された中国での「文革見直し」記事の翻訳版を読み、「中国でも社会主義的な民主主義を探求する道を歩み始めたのではないか」と胸を躍らせたものだった。

そして、文化大革命を批判するこの姿勢を見て、アメリカやヨーロッパの西側諸国も「鄧小平は経済の改革開放だけでなく、中国の民主主義を発達させようとしているのか」と錯覚したようだった。

この鄧小平の姿勢を見て勘違いした日本やアメリカ、ヨーロッパは中国の巨大な市場に進出する絶好のチャンスが来ていると捉えた。どの国も資本主義市場経済化に協力して果実を得ようと思ったわけだ。同時に中国の民主化も進めさせようということで協力していった。

しかし、共産党が執権する体制が変わらない限り、民主主義はある程度のところになると打ち切りにされることは、今日までに明白となったところだ。

1980年代の後半まで「改革開放」でおおいに議論をして、問題点を出し合おうという気風は、若い層を中心に中国の大学生たちの間に広がっていった。

現在、日本で活躍している評論家の石平(せきへい)さんもそのひとりだが、民主主義を中国に定着させようという動きが市民、学生のなかで生まれてきたのである。

西側各国も市場経済の発展イコール民主化だと思っていた。逆に民主主義のない資本主義は野放図になりすぎて弱肉強食になってしまう。それはありえないだろうと予測されていた。

しかし、結局、西側各国の見立ては誤りだった。中国共産党政治の持つ本質が露呈したのが第2次天安門事件だ。

そこでアメリカやイギリスは中国の政治体制を見限っていく。だが、商売として中国との付き合いをやめない国はたくさんあった。

日本の場合は第2次天安門事件からまもなく、1992年10月に当時の天皇夫妻が訪中している。これは西側各国との関係改善を急ぎたい中国からの強い要請があったからだが、このことが中国の孤立化を打ち破って新たな展開をつくっていくことになった。

第6章 収容所社会と化した中国

中国全国人民代表大会（全人代）開会にともない厳重警備が敷かれている天安門広場。国家行事が執り行われる公式な場所だが、幾度となく抗争が起き、革命運動の舞台にもなった（2024年3月8日）

ウクライナ紛争における中国の役割

中国共産党といえば、現在、国際政治のなかでも注目を集めている。2022年2月に始まったロシアによるウクライナへの侵攻に関連して、どちらの国ともパイプがあり、調停できる立場にあるとして脚光を浴びているのだ。

2023年4月にはフランスのエマニュエル・マクロン大統領や、ウルズラ・フォン・デア・ライエン欧州委員会委員長が訪中している。

彼らはほぼ同じ日程で、経済団体を自国から50団体ほど引き連れて北京や広州(こうしゅう)などを訪れた。この時期に中国詣でをするのはウクライナを必死に支援するアメリカへの裏切りのようにも見えるが、背に腹は代えられないヨーロッパ各国にしてみれば当たり前の行為だろう。

コロナウイルスの流行以降、中国人観光客が激減したスペインなどもペドロ・サンチェス首相がわざわざ訪中し、観光客の獲得に必死に動いている。

この3者に共通しているのは、現在も続くウクライナ紛争での中国の役割と対中関係深化でその〝経済的ご利益〟をおおいに期待していることだ。

彼らの動きを見ると、ヨーロッパの平和を脅かしているロシアとウクライナの戦争の調停役を習近平にとくに期待していることがわかる。

他国の意見を取り入れることは滅多にないロシアも数少ない友好国のひとつで、最も重要な取引先である中国の意見はある程度聞き入れざるをえなくなっている。

さらに驚いたのが、中国に対するウクライナのウォロディミル・ゼレンスキー大統領の姿勢である。

ゼレンスキー大統領は習近平に対し、たびたび「ぜひウクライナに来てほしい」と呼びかけている。

実際にはゼレンスキーが調停に応じるハードルは相当高いようで、中国側は事前交渉の内容を発表していない。

岸田政権もウクライナに対しては相当支援を行っている。西側諸国とともに「もっと抵抗しろ」と高い軍事装備などを与えているように見える。

直接的な兵器以外での支援も豊富で、自衛隊の装備品をどんどん送り、さらに資金供与にも積極的である。その様子は、とても気前がよさそうに見える。日本の防衛費を増やすために増税を実施するようだが、ウクライナへの支援はどこまで増やし、今後どのように調達していくのか。

ウクライナが西側各国に求めている支援金の希望額は莫大(ばくだい)だ。その額は1兆ドルといわれ、日本円で考えると約148兆円という大金である。

岸田総理は2023年3月にウクライナを訪問したときに、8000億円の資金提供を申し出ているから、今後の日本の負担がどうなるかは本当にわからない。現在までの提供額は、すでに1兆6000億円を超えたという。

その一方で、これだけ派手に援助しても、大事な成果は習近平に取られてしまうかもしれないという。

これは日本としては相当恥ずかしい結果といえるだろう。実はヨーロッパ各国は岸田総理のキーウ訪問にはほとんど関心を示していない。

むしろEU（欧州連合）諸国は習近平のことしか褒めていないのだ。各国の首脳で岸田総理のキーウ訪問を評価している人は見たことがない。

わたしが日本人が素朴だなと思うのは、習近平に対する警戒心がほとんどないことだ。戦争になる可能性を考えたら絶対に警戒しないとまずい。何しろ習近平は自らの3期目の体制を固めるために、自分たちに逆らいそうな少数民族を全部弾圧した。残忍さを隠していないのだ。

少数民族の大部分が事実上の強制収容所に収容されている。ウイグル、チベット、内モンゴルに対しての弾圧も激しい。しかも、ここまでやるのかと思うのは、固有の民族言語教育を公教育から排除し、モンゴル文字の使用を禁止していることだ。

以前、仕事で中国に行ったときには、暇潰しがてら、ホテルのテレビで内モンゴルの番組もよく見ていた。

そのときはモンゴル文字の字幕スーパーの出る番組を見て、民族の言語を重視していると思っていた。

しかし、今日、それは禁止されている。中国が今やっていることは少数民族の文化そのものを根絶やしにしようとしていること。文字だけでなく宗教や文化に対しても厳しい。〝文化的ジェノサイド〟というべきものだ。

これが大事な点なのだが、中国共産党では習近平主義に反対する考えの人は徹底して異端視して外していく。軽く済んでも仕事を外され、悪くすると自宅軟禁か刑務所行きだ。

もうすでに知っている人も多いと思うが、中国の富裕層は今、どんどん海外に出て〝終の棲み家〟を探している。中国は自分たちの死に場所ではないと言い出して逃げ始めているのだ。中国では落ち着いて死ぬことはできないからと、海外に安住の地を求めている。

優雅に暮らすためには、まったく魅力はないが、安住の地には日本がよいといって、日本に不動産を買って住み始めている富裕層も多い。

今も続く少数民族への弾圧

ウイグルやチベットの少数民族が弾圧されているなか、国際的には問題になるものの、国内的に抑え込むことに成功しているのはなぜか。

結局、経済的に頼りにしないといけないので、中国の影響力をどの国も無視できなくなっているからだ。フランスのマクロン大統領がウクライナとロシアの仲裁にかこつけて50の経済団体を連れ歩いて商談を進めて契約を増やしたのも、結局、中国のマーケットが魅力的だからなのだ。

中国は現在、GDP世界第2位、人口は全人類のおよそ5分の1を占めている。マーケットとして非常に魅力があるのは、中国と敵対するアメリカにとっても同じことだ。

ただしアメリカとイギリスは中国の少数民族弾圧の問題を人権問題として熱心に取り上げ、国連でも制裁決議をあげようと躍起になっている。両国は国内法によってウイグルの奴隷労働由来の商品は輸入しないようにしたり、その商品を使っている企業が制裁を受けるなどの法律を整備したりすることにより、ある程度は効果も出ているがそれも限定的だ。

ちなみにソーラーパネルなどは、ほとんど100パーセントが「ウイグルの奴隷労働由来」

いはずだ。

だという。人権に配慮するなら本来のソーラーパネルによる発電なんて推進することはできな

日本でも、そんなことを気にせずにムチャをやっていた三浦瑠麗夫妻があんなこと（夫は逮捕）になったが、十分に実効性を持たない法律体制のもとでは中国のやり方に対応することはできないだろう。

結局、中国が経済大国だから、他国も見てみないふりをしているところがある。中国と付き合うことにメリットがあるから、人権を無視してムチャをしていても目を瞑っておこうかというところがある。

結局、「自分の国民ではないからいいか」という神経になってしまう。日本の財界が典型的だ。大きな利益をもたらしてくれるのであれば、モラルは無視するのが資本主義だ。

しかし、ゆくゆくは自分たちの国の首を絞めることになるという意識も持たないといけない。

わたしは胡錦濤が国家主席だった時代、2003年から2012年までの10年ほどの間、中国と深く交流していた。当時は政府の仕事に関与し、ほとんど毎月のように中国に出向いていた。月に1、2回ほど中国に行く予定があり、そのなかでさまざまな交渉ごとをしたり、中国側の識者とお互いの国の事情について情報交換も行ったりした。

逆に中国で知り合った要人が日本に来るときにはアテンドをしたこともある。とくに親交が

あったのは胡錦濤政権の経済政策のブレーンを務めた人物だ。彼とは、かなり長い間議論したこともある。

わたし自身、もともとは日本共産党の国会議員の秘書を長年していたというキャリアがあったので、「話を理解しやすい」と思ってくれたのだろう。

日本政府の政策はもちろん、日本共産党の政策についても解説してほしいという要望があり、たびたび意見交換をした。

こちらが元日本共産党員だったということで気を許してくれたのか、かなり本音に迫った話をざっくばらんにしてくれた。

そのときに彼は、２０４０年までに中国が必ず世界最大の覇権国になり、経済力はもちろん、軍事力でも世界一になると自信満々に話していた。２０３０年までにはアメリカに追いつくという。

これは中国の科学者や政治学者が語っているだけではなく、ＥＵ諸国でも統一された見解だという点を強調していた。

その説の通りになれば、現在のＧＤＰ1位のアメリカとＧＤＰ2位の中国が入れ替わるということだから、当然そのことを織り込んで、ＥＵ諸国も中国との関係を考えているという話であった。

そのことを考えると、今、まさにフランスのマクロン大統領や欧州委員会委員長が中国詣でをしているということも時代の先取りをしているといえるだろう。

今から20年後、21世紀半ばの中国の位置をどう予測するか。非常に重要な問題だが、現在のアメリカの体たらくが続くのなら、中国は一度は世界の覇者になるかもしれない。ただし、それを大きく牽制していく要因になるのが、中国と敵対的な関係にあるインドだろう。

一方、それだけ強大な国になった中国が隣にいる日本は、どういう国であるべきかという戦略を立てないといけない。ただただ飲み込まれていくかもしれないという心配をしているだけでは、何も変わらないだろう。

現代中国における宗教の位置

中華人民共和国の建国以来、中国共産党は宗教に対しては厳しい姿勢を見せ続けている。禁止というほどではないが、正確にいうと、各個人の信仰自体は認めるものの、積極的な布教は禁止している。建前上はそういうことになっている。

しかし、中国共産党には宗教政策がある。わたしは胡錦濤時代にたびたび中国に出かける機会に恵まれたが、当時は中国に行くたびに寺院を見るのが好きであった。それぞれの地域に行ったときには地元の人に頼んで案内をしてもらうことも多かった。

有名どころでは寒山寺（かんざんじ）や少林寺（しょうりんじ）など、さまざまな寺院を見学する機会にも恵まれた。

訪問先の寺院では、すごく丁寧に対応され、もてなしてもらった。各寺院のトップのお坊さんにも会ったが、彼らの立場は全員国家公務員だ。

わたしは驚いて「僧侶になると、国家公務員の身分なんですか」と聞いてみた。

理由として説明されたのは、「有名な寺院は、ひとつの保存すべき文化の対象ということになっているからだ」ということだった。

宗教政策については北朝鮮でも同じようなことをやっているが、中国はもう少し緩い。

たとえば、お布施も受けるし、「火鍋店をこれから開くから、商売繁盛のご祈禱（きとう）をお願いしたい」という声があると、お坊さんたちが10人ぐらいで音楽をかけ、お経を唱えて盛大にお祈りする。そして、お布施もガバッともらっていく。しかも、みんな公務員である。

基本的には仏教が多いが、道教も盛んだ。それと最近では毛沢東を崇拝する「毛沢東教」のような宗教団体もある。

これは個人崇拝に基づくもので問題ではないかと思うが、中国共産党の体制に逆らうものでなければ問題はないみたいで、農村部にも広がっているようだ。

農村部では、お堂がつくられていて、毛沢東の肖像画や著作、毛沢東語録が経典のように崇（あが）

められていたりする。文化大革命時代に進んだ毛沢東の個人崇拝の残影、毛沢東の神格化を利用した新興宗教が存在しているということだ。

それらに比べ、昔からあった儒教はほとんど廃れている。これは文化大革命のときに「批林批孔」のスローガンによる排斥運動で一気に廃れた。しかしながら、孔子の子孫がいて、儒教文化自体は中国のいわゆる観光資源として残っている。

そういう点では、古くからの伝統宗教は一種の文化財みたいな位置づけで、文献や書としても研究されている。孔子廟にも行ったが、政府がコントロールできるものに対しては寛容で自由なのだ。

中国の商売人や実業家は仏教が大好きで、わたしもチベット仏教の寺に行ったが、驚きの連続だった。仏様の生まれ変わりが8人いて、亡命したダライ・ラマ14世以外の7人は中国政府の庇護のもとにいる。

わたしは、そのうちのひとりと会ってきたが、すごい扱いを受けている。中国のお金持ちたちが行列をなして彼に会えるのを待っていて、ものすごい塊を包んだようなお布施を持っているのだ。寄進される金額は相当莫大であろう。

チベット仏教とはいえ、ダライ・ラマ以外の7人は弾圧されていない。中国政府と妥協したチベット仏教なのだ。

だから、その流派は保護され、観光資源として利用されており、お金が集まるような仕組みになっている。100人くらいのお坊さんが、庶民が持ってきたお菓子を食べながら、朝から晩まで読経している。

中国共産党は中央政府に迷惑をかけない見せかけの宗教はきちんと保護し、そこに人々を寄せることについては何も問題視していない。むしろ民衆を支配する方法のひとつとして望ましいと思っている。

イスラム教徒への弾圧

伝統的な宗教が一定の保護を受ける一方で、中国では新興宗教が勢力を伸ばすのは難しくなっている。

旧統一教会や創価学会も文化交流のために中国に行くことはありうるが、現地での布教は行っていない。それは警戒されているからだ。

おそらく中国共産党から「交流ならばよいが、布教は絶対にしてはいけない」と内々に厳しく釘(くぎ)を刺されているのだろう。

ビジネスや文化交流活動は認められているが、表立って信者を集めて私腹を肥やすようなことはできない。一方で、台湾では布教を含む活動をしているようだ。

ただし中国でも活発に布教した結果、弾圧されている中国由来の宗教団体（?）はある。

近年で最も弾圧された団体といえば法輪功だろう。法輪功は政府のコントロールが利かなかったために目の敵とされ、弾圧されている。

法輪功は太極拳のようなイメージが強いが、それだけではない。自己啓発的な要素もあり、ちょっとヨガに似ているところがある。

中国共産党の人にいわせると、「オウム真理教と同じだ」と批判していたが、そんなことはさすがにない。台湾では今も非常に盛んだ。

わたしは法輪功が厳しく弾圧されたのは、中国政府に対する忠誠心を疑われたからだと思っている。

法輪功の教えに全部帰依させて中国共産党の教えを疑い、抵抗心を持っているのではないか。そう見られたフシがある。宗教は価値観を全部染め上げることがある。

同じように最近厳しく取り締まられているのがイスラム教だ。イスラム教に対しても、はじめは寛容であった。というのは、中国には回族というイスラム教徒に改宗して、中国に土着化した民族がいるからだ。

この人たちは中華人民共和国の建国時には中国共産党にも非常に協力的で、人民解放軍に対して積極的に協力していた。だから建国後も非常に大事にされていたのである。

ところが1980年代の後半から事情が変わってくる。

ベルリンの壁が崩壊し、冷戦が終わり、ソ連が解体されるなか、それまでイデオロギー対立が覆い隠していた民族問題や宗教問題が一気に浮上する。

その影響がソ連と隣接する中国にも波及したのだ。

イスラム原理主義も一部で入ってきて、支配的にはならなかったが、トルキスタンでそういう動きが起きてきた。

トルキスタンはトルコ系民族の国という意味だが、トルコは穏健なイスラム教だ。しかし、中央政府はイスラム教に対して、ものすごく不信感を抱くようになってきた。

習近平体制になってからは、そうした空気がさらに高まっている。以前、イスラム料理を漢民族も食べる雰囲気があった。だが、習近平時代になってから、イスラム系のレストランが叩き壊されるような動きが見られた。深圳（しんせん）にはたくさんイスラム系のレストランがあったのに、今では一軒も残っていない。

結局、イスラム教徒を中国政府がすごく警戒するようになり、実際にその政府の動きに対して抵抗運動が広がり、悪循環に陥っている。そういう状況で強制の収容所がつくられている。推計で新疆ウイグル自治区には漢民族以外の民族が1200万人いるが、その地域に収容数3

００万人の収容施設がつくられている。単純計算で４人に１人が収容所に収容されているわけだから、ひどい話である。

イスラム教徒に対する不安や警戒心から、驚くべき民族浄化政策に踏み出してしまったというわけだ。

それだけでなく、最近の中国の中央政府はイスラム教徒に対して相当ひどい同化政策も行っている。女性をさらってきて集団就職をさせ、出身の省とはまったく違う省に連れていき、そこでお見合いをさせるのだ。

漢民族は女性より男性のほうが多いので、結婚相手が足りていない。そこに半ば人身売買のようなかたちで女性があてがわれているわけだ。

本来、イスラム教徒はイスラム教徒としか結婚しない。

だが、女性がイスラム教徒だからということでイスラム教に改宗して結婚する人もいるし、あえてイスラム教徒の家に漢民族を居候させたりするなど、そういう政策もやっている。同化政策だが、中国文化を受け入れさせるためのものである。そして、これを断ると、当局から睨（にら）まれ、最終的に収容所に連れていかれてしまう。そういう監視社会が成り立っているのが現在の中国だ。

第7章 江沢民から胡錦濤へ

アジア太平洋経済協力会議（APEC）出席のため来日した中国の胡錦濤国家主席。右は劉永清夫人（東京・羽田空港、2010年11月12日）

江沢民時代は復古主義

結局、紆余曲折があったが、鄧小平以降の中国政治の実力者は江沢民、胡錦濤、そして習近平だろう。

鄧小平の次の指導者となった江沢民の時代には、中国では復古主義の動きが現れる。というのも、天安門事件後、西側各国は中国のことを非常に警戒した。

さらに台湾が従来の「ひとつの中国」路線を脱皮して独立傾向を強めていく。ちょうど李登輝が台頭した時代である。

1996年に台湾で総統選挙が行われたときは、李登輝が頑張っていたこともあって、中国共産党は台湾を非常に警戒し、牽制した。台湾の独立を阻止したいという強い姿勢を見せるために、台湾の周辺海域にミサイルを撃ちまくった。

江沢民は、こういった軍事対決を辞さない強硬な路線を選択している。彼にはそういう特徴があり、一方でけっこうな実利主義者でもあった。

実は江沢民政権の時代に発展したのは映画だ。ハリウッドに多くの中国人技術者を送り込み、最先端の勉強をさせている。

中国の映画産業はものすごく発展し、江沢民の長男は、現在は香港にいて、有名な映画王になっている。

その後、胡錦濤が引き継ぐことになるが、胡錦濤の時代は江沢民に比べると比較的協調主義だったといえるだろう。

江沢民の後継者は胡錦濤になるが、二人の政治家としての系譜は異なる。江沢民は経済発展を遂げた上海をバックにした実務派の政治家だが、胡錦濤は〝団派〟といわれる共産主義青年団のトップ出身。将来の共産党の幹部を育成するエリート集団から出てきた人物だ。

胡錦濤は、どちらかといえば開明的なところがあった。中曽根康弘が総理だった時代に始まった日中青年交流の中国側の窓口をやっていたこともあるくらいなので、非常に知日派の一面も持っている。

同じ共青団出身の李克強は若いときに小沢一郎の家に居候したこともあるほどだ。

胡錦濤は日本に対しても非常に平和的な態度であったが、胡錦濤時代の末期は尖閣諸島の問題で揉めたこともあり、日中はかなり対立する関係であった。

それをさらに進めたのが習近平政権である。

歴史教育の違い

中国の歴史教育はその時代によって、かなり異なっている。

江沢民時代の中国の教科書と胡錦濤時代のそれを見比べたことがあるが、まったく違う。

今となっては面白い話なのだが、中国人と会うときに、さまざまな話をするが、世代によって受けてきた教育や日本に対する印象が全然違うことに驚いてしまう。

実は50代、60代の人は日本に対して印象が悪くなるような教育を受けていない。しかし、40代より若い世代になると日本に対しての印象はよくない。相当な反日教育を受けていることがわかるのだ。

彼ら反日教育を受けた世代が影響を受けた映画やテレビドラマでは、日本の軍隊が地球上にここまで野蛮なやつはいないだろうというレベルで描かれている。

しかし、日本のアニメなどのコンテンツに親しむ若い人たちは、日本はよい国だという印象にあっという間に変わっていく。そのように世代によって少し違って、そのあたりの反応を知ると、中国の教育には普遍性がないことに気づく。

では、ここ数十年続いている反日教育は何が狙いなのか。

この原因をはっきりいえば、改革開放路線がある程度進んだ段階から政府で汚職が横行したことに起因している。

共産党政権は民主的な選挙によるチェック機能がないのが特徴だ。資本主義経済のなかではさまざまな規制があるが、本来は選挙なり、メディアによる批判なり、一定のチェック機能がある。

誰かがズルをしていたり、役人がごまかして賄賂で得したりするようなことがないようにと、さまざまな規制があるわけだが、その最大の規制の根拠になっているのが民主選挙だろう。

しかし、中国の場合は、その歯止めとなる選挙の仕組みが異なっている。

代表を送り込んで政治的に行政をチェックさせるわけだが、基本的には任命制度である。信任投票なので、共産党の役職に一度就任すれば、独裁的な権力を持ち続けることができる。

そのため財産を蓄積し続け、汚職の額が半端ではない。そうした不正から庶民の目をそらして、ごまかすためには、中国共産党がなぜ中国に必要かと思わせなければいけない。

自分たちの支配を正当化するための大義名分として悪役である日本の存在をより強調し、知らしめる必要が出てきたのだ。

だから日中戦争のときに日本に勝ったことを、ことさら大きく取り上げて、国民たちに訴える。そして中華人民共和国が建国された流れを伝え、中国共産党による一党支配を正当化させていく。

実際に毛沢東は軍事指導者、戦争指導者としては非常に優秀で卓越した人物だった。建国後の平和な状況では政治家としてまったく無能だったが、有事下での指導者としては卓越したものを持っていた。

平和になってからは自らの権力維持にのみ長けた独裁者になってしまったわけだ。毛沢東は建国後、自らの権力基盤を守るために昔の仲間たちをひたすら粛清したが、戦時下では非常に賢かった。

その賢さに何が表れているかというと、「日本軍は強いから戦うな」という徹底した功利主義的な教えである。

「自分たちが戦っても消耗するだけだから、中国を統治するために将来的な敵になる国民党に日本軍と戦わせろ」

毛沢東はこの考えを徹底させた。

だから自分たちが国民党の指揮下に入ることにして国民党と一時的に融和し、内戦をやめ、国民党を日本との戦争の矢面に立たせた。その間、共産党の軍をひたすら温存させ続けた。

その後、戦争が終わり、日本軍が撤退していったあとに、さんざん日本軍と戦って消耗していた国民党軍を後ろから襲って共産党軍が勝つ。

それによって革命を実現させたわけだ。

毛沢東は戦略家としては一流で、そういう狡(ずる)さを持っていた。

だから毛沢東の戦術を知り、日中戦争の歴史を見ると、中国共産党がそれほど日本軍と戦っていないことに気づく。むしろ交戦を避けているフシがあるほどだ。しかし、反日教育のなかでは日本軍イコール悪、それと戦う共産党軍イコール善という図式をひたすら推進している。

もちろん日本軍が悪いことを何もしていないというわけではない。南京大虐殺も中国が宣伝するほどの規模であったわけではないが、陸軍の残した記録などから推察すると、一定の規模では虐殺があった。

最初に日本軍が南京市民たちを30万人殺したと言い出したのが国民党政府だ。このキャンペーンにはアメリカやイギリスも当時乗っかって、日本軍を悪くいうために世界的にさんざん宣伝されてしまった。

その記録の裏づけを取ろうと共産党の調査団が派遣されたことがあったが、彼らは自分たちの主張通りに南京を中心としたある地方全体で合算して30万人の犠牲者が出たという論調を今度は言い出した。

日中戦争では多くの人が死んでいるが、日本軍によって死んだのか、国民党軍によって死んだのか、どちらが殺したのかはわからない。

そういう背景を無視して、戦争中に起きたことを全部日本軍がやった残虐な行為として、歴史的事実であるかのようなプロパガンダキャンペーンとして教え込んでいったわけだ。事実の裏づけはそこにはまったくないのである。

日本人の贖罪意識を利用して行われた経済成長

田中角栄による日中国交正常化以降、日本を中国は徹底的に利用してきた。

はじめは低姿勢だった。日本の進んだ技術を受け入れるために、ひたすら低姿勢のふりをして、あらゆる技術を学ぼうとした。

そのあと、反日教育とセットで中国が行ったのは、戦中派の日本人の精神的な弱点である「かつて中国を侵略していた日本」という贖罪(しょくざい)意識を突いてきたことだ。

中国を侵略し、軍隊を進駐させて迷惑をかけたという意識。1970年代には戦争の経験者が多かったこともあり、この意識をうまく自らの得になるように刺激したのである。

それを利用して日本の経済人たちを巧みに籠絡していった。

彼らはアジアの国々に対して贖罪意識を強く持っていた。だから貧しさから脱却させるために日本がひと肌脱ごうじゃないかという善意があった。

とくに成功した経済人にそういう意識が強かった。それで中国に工場を建設するプロジェクトを支援したり、油田をつくるために援助したり、相当な規模で経済援助を行っていく。なかには、これはさすがにやりすぎではと思うものも多かった。中国の発展が進んだ21世紀になってもＯＤＡを続けていて、上海の空港などは、すべて日本のＯＤＡによって建設されている。

中国は、そういう姿勢を見せて利益だけを持っていくのが昔から上手であった。

それが変わったのは21世紀になってきてからで、立場が逆転したのは胡錦濤時代の後半ごろからだろう。

中国のＧＤＰは２００８年に日本に追いつき、２０１０年で逆転し、それ以来、差は開く一方だ。

現在の中国の対日本政策は、切り捨てるというか、取るものだけ取って、従属させようとしている。そして、それは半ば成功しているように見える。

日本の政界などを見ていると、この間のウイグル問題の非難決議など、現在の日本の与党の政治家は半分以上が親中派であることがわかる。

よくいわれているように、連立与党の一角を占める公明党は昔から徹底した親中派だ。

さらに自民党も親中派が半分以上を占めている。尖閣問題で争っているといっても、河野太郎のように総理大臣候補者でありながらファミリー企業（日本端子）が中国と合弁事業をやっている者までいる。この50年で親中派の議員が増えていったことを感じている。

田中角栄の系譜を引き継いでいる二階俊博元幹事長もそのひとりだ。単なる金権政治家だとは決して思わないが、日中国交正常化のころの気持ちで付き合っていると、完全に中国の思惑を見誤るから気をつけてほしいものである。

第8章 これからの中国の野望

中国の経済発展を象徴する上海のベイエリアでは高層ビルが立ち並ぶ。中国の経済成長は滞ることなく、GDPは毎年のように上昇し続けている（2024年1月16日）

南シナ海、台湾、そして沖縄……

中国は経済発展だけでなく領土拡大にも野心的だ。香港の支配を盤石にし、南シナ海や台湾、沖縄……とその野望はふくらみ続けている。

偉大な中華民族の復興という理論は孫文の三民主義がベースになっている。

これは孫文が唱えた大アジア主義という立場で、本来、日本には中国と同盟してアジアを安定させていこうという考え方があった。

戦前の日本の国士の間では、この大アジア主義という思想が強く、孫文を日本に迎えて講演させて三民主義を勉強しようという動きもあったほどだ。

仮に戦争をするようになっても、中国国民党の国民革命という方向性は、非常にアジアにはプラスになる面もあったので、帰順させ、国民党の一派を日本の味方につけ、一緒に大東亜共栄圏構想をやろうといっていたこともあるぐらいである。

ただ、正確に孫文がいっている領土的な版図は、そこまで取り返さなければならないというのが基準だった。琉球も中国領土だといっていて、それから越南（ベトナム）、その範囲までは経済的にも地政学的にも支配力を及ぼさなければならないと考えていた。

朝鮮半島が中国だったことはないが、朝貢国はすべて版図として考えている。孫文は漢民族の国家であった明の最大版図を取り戻すという意識が強かった。

現在の習近平も、そういう方向性だと思って間違いない。ただ、現実には逆のことをやっている。

たとえば、南シナ海では余計なことをして周辺各国から警戒されている。岩礁を人工的に埋めて「自国の島だから俺の領土なんだ」といって占有している。

これを習近平は中国がこれから進むべき道だと考えていて、おそらく感覚的には中国にとっての生存圏闘争なのであろう。「民族の生存圏獲得」というナチス・ドイツの発想に、ここのところは似ているのかもしれない。

ナチス・ドイツは「ゲルマン民族の生存圏」に必要だと主張してウクライナからウクライナ人を追い出し、ゲルマン民族は農業が本質だから農業をやるんだという動きをしていた。あるいは奴隷にして奉仕をさせる。ゲルマン民族の生存圏闘争は今の中国と同じような意味合いがあった。

習近平の恐るべき性格

習近平は、かなりの自信家だ。実態を隠そうとしても、現在はＳＮＳ（ソーシャル・ネットワーキング・サービス）があるので、それを経由してさまざまな噂が入ってくる。たとえば、「習近平はそんなに外国語が堪能じゃない」とか「学力が低い」という話も噂になっていたりする。

彼は文化大革命時代に父親の習仲勲が追放された余波を受けて農村に下放されている。だから高等教育を受けられなかった。学校に行っていない時期があるわけだ。

共産党の仕事を下放先である程度やっていて、その農村部で評価されたために、高校も出ていないのにもかかわらず、文化大革命が終了したあとに、いきなり清華大学に社会人入学で入ることができた。

だから、そういう経歴から、学力のある人間だとはあまり思われていないのだ。

ちなみに弟の習遠平は日本語を熱心に勉強した人で、実業家として成功をおさめているので、習家の血筋としては決して暗愚な家ではないのだろう。

だが、習近平本人は3期目に突入した前代未聞の指導者として、自分に大変な自信があるようだ。

カナダのジャスティン・トルドー首相は習近平から「俺との話をマスコミでいうな」と怒られていたほどだ。こんなことを外国の元首に平気でいうなんて、相当な自信家だろう。

最近の人事を見ても、自分の派閥の関係者ばかりで周りを固めている。これも少し前の中国ならば考えられないことだった。

人事というのは中国共産党の政治にとっていちばん重要なもの。

ある程度、さまざまな派閥があることを前提に、各派にそれなりのポストを用意して協調してやっていくのがこれまでの中国のやり方だった。

個人独裁というのはいちばん失敗しやすい。歴史を振り返ってみればわかるように、最終的にはいちばんうまくいかないやり方なのである。

自分の側近ばかりを登用していると、ひどい目に遭う。

たとえば、2022年の党大会では李克強首相も外した。彼は団派出身で胡錦濤の子分であったが、習近平は派閥のパワーバランスを無視して自分のやりたいようにやり始めた。

そういうことをやる人間なので、日本に対してもアメリカに対しても強硬な姿勢を示してくる可能性はある。周りに反対する人がいなくなっているからだ。

ただ、習近平は体調が思わしくないのではと思われる。首が回らないし、傾いている。最近は夫人も表立った場所に出てこない。夫人の彭麗媛（ほうれいえん）は歌手で有名な人なのだが、最近は滅多に見えない。

2022年の党大会の人事を見ていると、もはや恐怖政治になっているという危惧すら感じるのである。

そういうなかで注目すべきなのは、駐日大使だった王毅が実力者になった点だ。彼は今、中国共産党の外交トップである。

2023年3月の習近平の海外訪問も王毅が振りつけをやっている。ウクライナ紛争も、今後、王毅がどういう動き方をするかを見ておいたほうがよい。彼自身は西側各国の考え方を理解している人なので、落としどころをどう見つけていくかに注目している。

ロシアとウクライナを仲介しようとする中国の動機

中国がロシアとウクライナの仲介に入る動きを見せているのは何が狙いなのか。

これは二つ動機がある。まずひとつは、国際政治のなかで中国がイニシアチブを握るチャンスになると思っている点。やはり、ある程度ロシアがいうことに耳を傾ける国というのは限られているのだ。

今はアメリカがヨーロッパ各国と乖離しつつある。ヨーロッパ各国も内心では今回の戦争に疲れているのだ。本心では「そろそろやめよう。なんとか停戦に持っていってほしい」と思っていても、アメリカが「停戦を許さない」といまだにいっている。

さらに危険なのはアメリカが中央アジアに手を出し始めたこと。カザフスタンを揺さぶったり、ウズベキスタンに手を出そうとしたりしている。これはロシアを刺激するだけでなく、中国の推進する一帯一路を妨害する意図もある。

こうしたアメリカの新たな動きによって手遅れにならないうちに、トルコと一緒になって、中国はウクライナにあたりをつけようとしている。

また、パキスタンの旧ソ連兵器は中国が橋渡しをしてウクライナから買わせていた。そういうつながりもある。

やはり、中国としてはアメリカが中央アジアに手を出してくることは許せないのである。

その点では、わたしはウクライナにのめり込んだ岸田外交は大失敗だったと思っている。たとえば、キーウ訪問では本来ならゼレンスキー大統領に会って終わりではなく、そのあとモスクワにも乗り込んでウラジーミル・プーチン大統領にも会うべきであった。

ただ、実際には岸田総理はロシアとも握っているような印象を受ける。日ロで共同開発しているサハリンのガス田、油田が手つかずのままだからだ。

西側諸国が予測もしない段階で、中国は何かをやる可能性がある。

2023年4月に宮古島(みやこじま)沖で起きた陸上自衛隊のヘリコプター事故は非常に懸念を呼んでいる。率直にいえば、中国が関与している可能性は十分にある。

そういうことがあると、こうした事故が下手(へた)に延焼して台湾有事へとつながる可能性もある。今の中国の人民解放軍はすでに台湾への上陸能力を持っているが、軍事一辺倒ではなく、同時に政治的な動きもある。

わたしは上陸作戦も平気で実行すると思っている。失敗こそしたが、ロシア兵はウクライナの沿岸では上陸作戦をやっているので、参考にしている部分はあるだろう。

ハイテクも組み合わせているが、一方で、ロシアは古典的なこともやっている。今は力押しになっていて、ロシア軍は現在は30万人も動員されている。

ウクライナも70万人もの兵士を動員しているが、9万人のNATO軍以外は軍事的には素人。どこまで持ちこたえるのかはわからないだろう。

現在の人民解放軍

台湾前面に配置された中国の人民解放軍は近いうちに45万人体制になる。30万人体制から15

万人増員である。

さらに最近注目しなくてはいけないのは、中国が空母を増やしている点だ。宮古島沖で陸上自衛隊のヘリコプターが落ちたときも空母が3隻出撃していた。

今の中国はサイバー攻撃もできるといわれていて、情報収集船も、かなりの艦艇が出てきていた。

中国の空母の性能はまだまだ弱く、機能も話にならないくらいだ。ただし補助艦艇の数は増えているから、その点は今後注意していく必要がある。日本は潜水艦の戦力が頼りにはなるが、そういう状況なので、アメリカが戦列から足抜けしないように引っ張っていき、なるべく早い時期に自主的な防衛力を整備し、相手に相当な出血を覚悟しないと攻められないような体制と兵力を確保しないとならないだろう。

2049年の覇権国家は?

中国はアフリカやスリランカへの影響力を相当強めていて、スリランカは中国に国ごと買い取られようとしている。

実は中国にからめとられようとしている国はロシアに近い国が多い。これには意味があって、ロシアは必ずしも中国にベッタリではなく、最新装備を売る相手国はインドとベトナムだ。日本はインド太平洋地域の防衛において米英豪印と共同しているのだが、この目標は中国にほかならない。

このように中国を抑えるシステムは両陣営に股をかけているところがある。日本はもっとそういう国を重視して、インドと連携しながらロシアも重視して自陣に少しでも引っ張りながらやっていく器用さを持つ必要があるのではないか。

そうやって中国が後顧の憂いなく台湾を攻めることが難しい状況をつくることが大事なのだ。アフリカやスリランカに対して、中国はおカネをたくさんばらまいて、気がつけば借金漬けにして、という戦略を行っている。

ただ、アフリカの人たちは「やはり中国は味方ではなかった」と気づき始めている。

中国のやり方はお金を持ってきて「黒人たちよ、働け」というやり方なので、昔のヨーロッパよりたちが悪い。だからアフリカでも中国離れが起きつつある。アフリカ諸国がロシアの味方をすれば、中国への牽制ができる。資源もよい条件でロシアから輸入できる。だから必ずしも中国が順調にいっているわけではないのだ。

日本は将来、世界のトップが、アメリカではなく中国になる可能性があることも意識しないといけない。もしかしたら中国に飲み込まれるかもしれないという覚悟も必要になってくるだろう。

わたしは２０４９年には中国は覇権国家になっていると思っている。

ただ、その世界を均衡させるうえでインドがどうなっているか。ロシアがどうなっているか。今後、人口も経済力も確実に成長するのはインドくらいである。そのあたりの新興国がどういうスタンスを取るかが重要になってくるだろう。中国も人口は減るが、ペースはそれほど急速ではない。

不動産バブル崩壊の理由

目覚ましい経済発展によって世界経済の盟主であるアメリカを近い将来には超えるとまで予測されていた中国。

しかし、新型コロナの発生以降、失速が著しい。その要因を考えると、アメリカによる中国締め出しの影響や不動産バブルの破綻、習近平による一党独裁体制の行き詰まりなど、さまざまなことが考えられる。

中国の不動産大手の「恒大集団（こうだいしゅうだん）」がアメリカで破産法の適用を申請したり、最大手の「碧桂園（へきけいえん）」のデフォルト危機が報じられたりするなど、バブル崩壊が懸念されているが、コロナ禍以降の急激な失速ぶりの背景にはさまざまな要因がある。

中国の場合は国家が公表する経済指標そのものがどこまで正確なものかという疑問がそもそもある。統計と実態の間に乖離があるから、内実は滅多に伝わってこない。

実際に中国の一般庶民の多くは生活苦や就職難もあり、習近平体制への不満は高まっている。さらに、ここにきて不動産バブルが弾けようとしつつある点も大きなリスク要因になる。

中国の不動産業界の現実はまさにバブルだ。

開発の仕方は非常に強権的で、権力を行使できる共産党の特権層がバックにある不動産会社が農民が耕していた土地と耕作権を取り上げる代わりに近代的な住宅を与える。そうやって奪った土地にバカスカと巨大物件を建てる。実は2017年ごろから建設途中で廃墟(はいきょ)になりつつある建物が各地に増えて、問題になっていた。

わたしは、そのころから必ずバブル崩壊になると思っていたが、ここのところ、それが現実になりつつある。

日本でも太陽光発電による発電事業そのものより土地の権利を転売して利鞘(りざや)を稼ぐことが活発だが、中国の不動産事業のスキームも非常に似ている。

各地域の政府が農民の耕作権を奪い、その土地の開発権が債権として売られる。

その後はマンションが建て始められ、鉄骨が建ったくらいで販売され始める。買う人たちは主に都市部のある程度富裕な人だが、自分たちが住むわけではなく、投資物件として貸し出すために買う。

しかし、住む人はいなくて、一緒に開発されるはずのショッピングモールまで閑古鳥が鳴き、潰れていく。こんなパターンが繰り返されているので、必ず最後に誰かが貧乏くじを引く仕組みになっている。

まさに実態のないバブルだ。

しかも、こうした中国の不動産開発の背後には、特権階級である共産党の幹部の意向が必ずある。

地域開発をする企業グループは国有企業からの4割以上の出資を受けている。

さらに大会社になると党中央の政治局員以上の大幹部が経営に携わっている場合も多い。不動産開発が、党幹部が私腹を肥やすための装置になっているのだ。

利権に群がる中国共産党の幹部たちの腐敗ぶりは、その権限の強さもあり、日本の役人の比ではない。汚職のスケールも、まさに桁違いだ。

日本の役人の汚職は1000万円や1000万円レベルだが、中国で利権にかかわる党幹部が得る収入は一桁どころか二桁も三桁も違う。たとえば、習近平ファミリーが不動産で得た隠し財産は380億円もあるといわれ、これをネットで暴露した人たちが24人ほど逮捕されている。

胡錦濤時代に首相を務めていた温家宝も在任中に100億円の財産をつくったといわれているほどだ。それどころか、なかには1000億円、1兆円貯めこんだという人までいる。

中国では、有力者が利権を漁るために地上げを行って開発することが当たり前になっているのだ。

中国の少子高齢化

15億人もの人口を有する中国だが、将来の少子高齢化も危惧されている。しかし、日本の少子高齢化とは実態が少し異なっている。

中国は日本のような社会保障制度が確立されていない。そのため、日本のように現役世代が高齢者を支える仕組みは都市部にはあっても農村部にはない。もし農村部の住民が人工透析が必要な慢性疾患になったら死ぬしかない。適切な治療を受けられる機会は得られないのである。

しかし、近年発展が著しい都市部においては様子が変わりつつある。

国民の8割は農村部だが、都市部に住む2割ほどの人たちの意識は違う。彼らの平均年収は日本よりはるかに上で、経済的にも豊か。生活を安定させるための保険商品も発達している。

中国の年金事情も特殊だ。公的年金は職業別に整備されていて、なかでも軍人の年金はよい。

将軍になれば現役時代にもらっていた給料額と同じ金額がもらえる。しかも邸宅が保証され、死ぬまで運転手つきの乗用車が支給される。

現在では中国にも高齢者向けの高級老人ホームができ始めている。

高齢者向けの施設の事業化が進みつつあり、たとえば、山東省（さんとう）などでは〝養老村（ようろうむら）〟と呼ばれる老人ホームが建設されていて、中国国内だけではなく日本の富裕層もターゲットにされているのだ。

なんとその窓口は自民党の大物政治家たちだという。二階俊博元幹事長や福田康夫（ふくだやすお）元総理など、中国政府とパイプを持つ親中派の政治家たちが協力していることがわかっている。

しかし、高齢者がケアを受けて暮らせる街にするからという名目で資金を集めている養老村も、どこまで実現するのかは怪しい。

結局、ずさんな不動産開発事業のやり口は同じだから、二階や福田の言葉を信じて中国で老後を過ごそうなんて考えはやめておいたほうがいいだろう。

台湾有事の引き金は何か

中国経済が混乱し、共産党に対する不満が国内で高まった場合、その不満をそらすために、習近平政権が台湾有事を実行に移す可能性は十分にある。

経済混乱が台湾侵攻の引き金になるという声もあるが、実際には、別の要素で決まる部分もある。

たとえば、ロシアによるウクライナへの侵攻後、現実味が増したという意見もあるが、実際は逆で、侵攻が長期化した様子を見て慎重になりつつあるという話もある。

当初、ロシアは短期間でゼレンスキー政権を転覆させることを目的として侵攻を開始した。ウクライナ全土へのミサイル攻撃など、台湾侵攻を想定する中国にとっては参考になるものだった。

中国も台湾侵攻を長期化させたいとは思っていない。人民解放軍はかつての3分の1の規模とはいえ、現在も世界一多い160万人の兵隊がいる。

だが、ひとりっ子政策によって中国の軍人の命の価値は非常に高くなっている。彼らを簡単に死なせるようなリスクのある作戦は取れないだろう。

実際の台湾有事の可能性はどのくらいあるか。

現在の戦争のあり方は軍事による実力行使に限らない。そのため、簡単に有事とはならない。

そう考えるなら、2024年に行われた台湾の総統選で大陸寄りの政治家を中国がどれだけ支援したのかが重要だ。

中国はいくらでもルートがあるので、相当な現金を投入しただろう。民進党政権と対立する国民党は大陸寄りだが、国民党を支援するのではなく、民進党の党内に親中派を増やすことを目的として資金を突っ込んだ可能性も大きい。反中国の民進党の頼清徳が勝利したからといって中国の意図がくじかれたわけではないのだ。

中国はただでは転ばない国なので、軍事的な手段が厳しいからといって簡単には諦めない。どういう手段を使っても相手を落とそうとする国だから、そこを見極めて手を打たないといけない。

資本主義の研究を怠らない中国

今回、恒大集団はアメリカのニューヨーク州で破産申請を行った。アメリカで破産申請した背景には、ドル建て社債を保有していたという事情だけでなく、資本主義を知り尽くした中国ならではのやり口もある。

習近平は改革開放路線を推進した鄧小平を模範にしている。鄧小平がその路線を推進した当時、西側各国は非常に評価していた。中国市場が開放されることは自分たちにとっても新たな魅力的な市場になると見なしたわけだ。

さらに甘い見通しの西側各国は、資本主義を選択するなら、中国は共産主義から民主主義に移行していくと思っていたようだ。実際には中国はそうならずに、資本主義経済に移行しつつ、中国共産党の権力を強め、社会主義市場経済という独自の体制を強化していった。世界でも珍しい成長を遂げたわけだ。

中国は、それだけでなく、資本主義の研究を怠らなかった。景気循環やバブル経済、世界恐慌などについても研究し、自国の経済が混乱したときの対処法も研究している。今回も自国の混乱をなるべく外国に押しつけてしまおうと、アメリカでの破産申請にいたった。自国のツケを世界経済に押しつけようとしているわけだから、中国のやり方を見ていると、日本も他人事(ひとごと)ではない。日本もいつか中国の失敗のツケを押しつけられるのではないかと非常に危惧している。

国境や経済圏を超えて周囲に影響を与えるのが中国だから、この先、中国が経済崩壊したからといって、「ざまあみろ」と笑っては見ていられない。すでに北海道をはじめ、多くの土地が中国人に買われているから、日本にも悪影響が起きる可能性は十分にある。油断していると、足をすくわれかねないのが実態だといえるだろう。

新チャイナ・セブン

前代未聞の3期目に突入し、長期政権への野望を隠さなくなった習近平。自身の前任者である胡錦濤を党大会から追放し、台湾への軍事侵攻もちらつかせるなど、かつてないほど強権的な動きを見せている。

2022年10月に開催された中国の共産党大会で、習近平体制が異例の3期目に突入することが確実となった。この前後で共産党内部にどのような政治的な変化が起きていたのか。

第1章でも触れたが、中国では毎年夏、北京にほど近い河北省の避暑地の北戴河で、現役の指導部や引退した長老たちが集まって非公式の会議を開き、党の重要方針や幹部人事などについて話し合う。非公式だが、実質的な最高首脳会議ともいえるもので、この北戴河会議で、どのような議論が交わされたかに注目する必要がある。

2022年8月の北戴河会議では、長老たちを中心に「習近平は定年を延長せずに2期で辞めるべき」などと習近平体制の交代を迫る意見や、「経済政策がうまくいっていないから、このままではバブルが崩壊する」「過激な人権弾圧がアメリカや日本との関係を危機的なものにした」などと当時の経済政策を正面から手厳しく批判する意見が続出した。こうした長老たちからの批判を抑えるために、習近平は北戴河会議で二つの約束を交わさざるをえなかった。ひとつは、3期目はやるものの、5年ではなく3年で退任するという約束。そしてもうひとつの約束は、チャイナ・セブンといわれる中国共産党の意思決定を司るトップ集団の中央政治局常務委員7人の人事をめぐるもの。習近平は7人のうち3人は自らに近い人間ではなく、ほかの派閥の人間を起用することを約束していたという。

中国共産党内部における派閥争いは激しいものがある。代表的な存在として、習近平ら建国時の党幹部の子弟たちによって形成される2世集団である太子党派、胡錦濤や李克強など共産主義青年団出身のエリートたちが所属する共青団派、江沢民をはじめとする中国最大の都市である上海市に多くの権益を有する上海派などがあげられる。

北戴河会議で7人のうち3人は自派以外からの起用を約束した習近平だが、10月の党大会ではこの約束を完全に反故にした。

共青団出身の李克強首相や汪洋全国政治協商会議主席はチャイナ・セブンから退任し、共青団派のホープとしてチャイナ・セブン入りが有力視されていた胡春華副首相にいたっては政治局員から中央委員への降格が発表された。

結局、習近平以外のチャイナ・セブンには長年習近平と仕事をともにしてきた李強や蔡奇、丁薛祥などが起用され、江沢民時代からブレーンを務める学者出身の王滬寧以外は長年の側近と、習近平の父親の習仲勲と関係する地域の出身者によって固められた。

ほかの派閥に配慮するどころか、ほぼ自分の派閥で固める人事となった。

党大会の際に胡錦濤前国家主席が強制的に会場から連れ出された背景にも、共青団派を一掃する〝約束破り〟があったと見られている。

公式には健康問題などと発表されているが、約束破りに激怒した胡錦濤が騒ぎ始める前に連れ出しただけにすぎない。

今回の党大会で共青団派が失脚したため、大会後には胡錦濤に近い人間が70人以上も逮捕されるなど、大粛清が行われたという情報まで入っている。

全体主義国家の問題点

かつての毛沢東による独裁体制への反省もあり、鄧小平が権力を掌握して以降、中国は集団指導体制を採用し続けてきた。

だが、今回の党大会で習近平への権力集中が加速したことで、独裁体制へと舵(かじ)が切られたように見える。

果たして中国は習近平の独裁国家となっていくのか。

中国のような全体主義国家を観察する際には二つのポイントに注意する必要がある。ひとつは、全体主義国家は決して一枚岩ではないという点。利権構造や路線対立が覆い隠されているので把握されにくいものの、今回の党大会でも明らかになったように、常に対立する複数の派閥が存在し、牽制し合っている。

もうひとつ注意しなければいけないのは、対外的に強権的な姿勢を見せているときほど、内部に崩壊につながるような不安要素を抱えている場合が多いということ。

たとえば、北朝鮮も国内経済が疲弊しているときほど、核ミサイルの実験を実施するなど、対外的な強硬姿勢を示して内部の引き締めを図っている。

習近平自身、11年前にトップに立って以降、自らの権力基盤を強めるために政争に明け暮れてきた。そのため、権力基盤は決して盤石ではない。

習近平体制の発足以降、この11年、人民解放軍の粛清や「虎もハエも叩く」とした反腐敗の汚職撲滅運動によって党や政府幹部の腐敗摘発を行ったこともあり、一時は反対派により習近平の暗殺が企図されているという話があったほどだった。

また、中国共産党幹部の養成機関である中央党校が発行する機関紙には、ここ数年、鄧小平を高く評価したり、彼が主導した経済改革を称賛する内容の論文が頻繁に掲載されたりしていた。習近平こそ批判はしないものの、過去の指導者である鄧小平を持ち上げる動きは習近平政権への無言の批判ともいえる。

ここ数年、中国国内で習近平に対する個人崇拝を強める動きが起きていたのも、内部からの批判を意識するがゆえの行動であった。

習近平の伝記が出版されたり、超人的な伝説が流布されたり、習近平を称える歌を子どもたちに歌わせたりしている。

しかし、このような個人崇拝が進められているということは、実際には習近平の政治がそれほど支持されていないことの裏返しとも考えられる。毛沢東時代のように実態がともなっていないからこそ、個人崇拝という手段に頼らざるをえないわけだ。

台湾統一への野望

北朝鮮が強硬路線を取り続けるように、権力基盤が弱い習近平政権だからこそ、目に見える実績を求め、歴代の指導者たちが成し遂げられなかった台湾統一に躍起になる可能性が高まりつつある。

習近平が強迫観念のように台湾に言及し続けているのは、任期中に台湾を解放しないと偉大な指導者にはなれないという焦りがあるからだ。彼は以前から自分を中国建国の父である毛沢東のような立場に位置づけたいという強烈な願望を持っている。

しかし、その願望とは裏腹に誇れるような手柄がない。だからこそ台湾に執着するわけだ。

2023年から2024年にかけて、中国は江沢民時代に台湾で総統選挙が実施されたとき以上の強い動きを見せている。

これまでは中国と台湾の間の海域にミサイルを落としていたが、今回は台湾を飛び越えて東側の海域にミサイルを落としている。さらに人民解放軍の航空機がスクランブル発進を繰り返すため、警戒飛行をたびたび強いられた台湾空軍には事故で殉職者まで出ている。

中国は政治的工作による干渉が不調になってから軍事攻勢に出るという2段階式のやり方ではなく、工作も実力行使も同時進行の二正面で進めている。今回、台湾をこれだけ刺激するのも、軍事力を知らしめることで「軍事衝突は避けたい」という気持ちを台湾人たちに起こさせる意図がある。台湾には国民党を中心に親中派勢力もあるため、「有事になれば破滅だが、妥協して経済的な繁栄を選択すべき」という声を高めたいわけだ。

中国の台湾侵攻は日本にもおおいに影響する。

日本にとって警戒すべきなのは、中国が台湾本体を攻撃するのではなく、その周辺を攻撃する場合だ。最初に攻撃対象となるのは台湾が実効支配する南シナ海の東沙(とうさ)諸島だが、同時に尖閣諸島や沖縄にある軍事基地が攻撃される可能性は十分にある。

習近平は自身の権力維持のために台湾有事を起こしたいわけだから、現体制が続く限り、この緊張状態がずっと続くだろう。

左派やリベラル派の油断

しかし、これだけ緊迫した情勢にあるにもかかわらず、日本国内では左派やリベラル派を中心に、防衛費の増大を懸念し、アメリカ軍基地の撤去を主張する議論がいまだに多く見られている。

彼らは、なぜ、いまだにそのような主張を唱え続けているのか。

そうした主張を唱える人たちの背景には二つの立場がある。

ひとつは中国の影響下にある考えに支配されている場合。彼らの主張の特徴は「琉球は過去に薩摩（さつま）藩（現在の鹿児島県と宮崎県の一部）に抑圧された被侵略国家だ」というもので、現在の沖縄も日本に支配されているという立場から、沖縄の独立論を唱えている。しかも、この主張は左派やリベラル派だけでなく一部の保守派にまで浸透している。

もうひとつは、憲法９条を妄信する非武装論者。彼らは軍事力を持つことイコール戦争の危険を高めることになると妄信的に思い込んでしまっている。

しかし、沖縄県民のなかにも「中国の脅威に備えるべき」という動きは見られている。中国が台湾への威嚇として発射したミサイルが日本の排他的経済水域に着弾したこともあって、宮古島や石垣島（いしがきじま）など沖縄本島から離れた地域では突発的な事態に備え、住民が避難するためのシェルターを島内につくろうという議論が起きているのだ。

だが、この動きも「戦争の準備と見られ、中国に間違ったメッセージを与えるからやめるべき」という頓珍漢な意見で反対されている。相手が一方的にミサイルを発射している段階でも、こんなことをいっているのはおかしな話である。

日本に蔓延（まんえん）する軍事力の増加を警戒する考えに警鐘を鳴らしていかなくてはいけないだろう。

完全に相手を破滅させるだけの戦力はなくても、もし手を出してきた場合には大損害を与えられるくらいの軍事力を持つことこそ、結果的に戦争の抑止力になる。20世紀以降の戦争の歴史を見れば明らかだが、たとえば、フィンランドはソ連の隣国でありながら、冷戦時代に独立を保っている。これは第2次世界大戦時に侵攻してきたソ連と戦って、大きな損害を与えたからだ。

残念なことだが、中国は目覚ましい軍備の増強により、日本が正面から戦って勝利できるような相手ではなくなってしまった。

だが、だからといって最初から屈してはいけない。第一撃で相手が上陸してきた際に撃退できるだけの戦力を持たないと、それこそ彼らの軍事行動を抑止することができなくなってしまう。無防備なだけでは２国間の軍事バランスを崩すだけで、均衡が保たれることは決してないからだ。

左派やリベラル派に限らず、現在の日本の政治体制自体が非常に危うい状態にある。実は自民党のなかには、中国に対して強い姿勢を示す政治家だけでなく、河野太郎デジタル担当大臣のように、中国と利害関係を共有するなど、密接な関係がある議員もいる。彼らにも注意しなければならない。

次期総理大臣の有力候補に名前があげられる政治家ですら親中派というのでは、日本の将来はどうなるのだろうか。

ペロシ訪台の余波

台湾をめぐってアメリカと中国の対立が激化するなど、日本を取り巻く国際情勢が慌ただしさを見せている。

２０２２年8月2日にはアメリカのナンシー・ペロシ下院議長が台湾を訪問し、当時の蔡英文総統と会談し、「台湾の自由を守るアメリカ議会の決意を示した」との声明を発表するなど、台湾を支援する強い姿勢を示した。

一方で、このペロシの訪台に中国は「内政干渉」だと激しく反発している。ペロシ訪台の夜から軍事演習を始めると、台湾を包囲するかのように周辺海域で訓練を実施するなど、ここ数年にないほどの圧力をかけている。

今後、米中2大国の対立が激化していくなかで、中国の実力行使による「台湾有事」は起こるのか。

そして、その場合にアメリカや日本がどのような対応をするのか。

経済的な発展だけでなく、軍事力の拡張も著しい近年の中国だが、果たして今後、台湾の併合に向けて軍事的に行動する可能性はどのくらいあるのか。

これまで日本人は敗戦のトラウマもあり、戦争について考えること自体を忌避しているところがあった。

だが、台湾は蔣介石率いる国民党政権が逃げ込んで以来、中国共産党と台湾支配をめぐる軍事的な衝突を繰り返していた時期もある。

1940年代から1960年代にかけては大なり小なりたびたび武力衝突があった。

当時は相手領土への空爆も含む航空機を用いた戦闘や、砲撃戦もあった。

台湾の大陸寄りの領域に中国人民解放軍が上陸作戦を行い、アメリカの支援を受ける国民党の反撃にあって撃退されたこともたびたびあった。

当時から軍事的には中国のほうが優勢だったが、台湾全土を実力で併合する力はなかった。その歴史を踏まえて今後の台湾有事を考えないといけない。

実は胡錦濤政権の時代には中国の人民解放軍と日本の自衛隊との間で日中防衛協力という名の交流があった。

そのときには、お互いに視察団を受け入れ合い、部隊の視察や研究会をやっていた。当時、解放軍の幹部が日本に来る一方で、日本側からも中国に赴くこともあった。

胡錦濤時代に台湾が独立を宣言した際には、武力行使をするという法律が制定された。わたしは北京で行われた意見交流会で、思い切って「あなたたちは、どうやって台湾を攻撃するんですか」と聞いた。我ながら「答えにくい質問かな」と思ったが、彼らの回答は率直だった。

「わたしたちは現状8時間ほどあれば、台湾の軍隊の機能を麻痺させることはできる」

どのような手段を取るかといえば、台湾の通信基地などに飽和攻撃（相手の防御処理能力の限界を超えて攻撃する）を仕掛けて台湾の軍事力を無力化してしまう。

そして、その間に台湾人たちが考えるだろうという。

その後の中国側の動きを見ると、かつてロシアが２０１４年にウクライナのクリミア半島を占領したときのようなハイブリッド戦による台湾併合を検討しているようだ。

これは軍隊どうしの戦いだけでなく、通信技術を駆使したサイバー戦争、さらに民衆のなかに長期的に自分たちに友好的な勢力をつくり、反政府的な機運をつくっていく。さらに政府の指示をサボタージュしたり、反政府のデモ活動を組織したり、さらに中国に有利なように言論戦、世論を形成していく。

単なる軍事行動だけでなく、情報戦も含めてやっていく。

実は中国が台湾に圧力をかけているのは最近だけではなく、2022年9月から2023年3月には台湾全体を包囲し、中国の軍用機が大量に台湾の防空識別圏に侵入している。そのせいで台湾の空軍はそれを警戒するためのスクランブル出動を頻繁に行い、事故によって殉職者が出るほど厳しい状況になっていた。

ペロシ下院議長の訪台後も、台湾の周囲6カ所の海域にミサイルを着弾させ、その海域に入らないように警告すらしている。

このような姿勢を中国が示した背景を探るには、1996年の江沢民政権のころにまで遡らなければならない。

このときは台湾の独立派のシンボルの李登輝が総統選挙で再選されるときに、台湾の独立傾向を強めるような主張を行った。これに圧力をかけるためにミサイルを発射したのだ。そのときは中国と台湾の間の台湾海峡の中間線にミサイルを落としている。

しかし、今回は台湾の西側ではなく、アメリカや日本から遮断するかたちで、東側の海域にミサイルを落とした。こういうやり方を中国がしたのは初めてである。

それだけこれまでより一歩踏み込んで、台湾を切り離す戦いが具体的に進行している可能性が高いというのが、2023年8月以降の状況だ。

アメリカの中国観

台湾をバックアップしているアメリカを、中国はどのように見ているか。

ここ最近のジョー・バイデン政権の動きは中国と台湾の関係についてもよくない動きを見せていた。

今回のロシアのウクライナへの侵攻についても、バイデン政権はロシアの侵攻前にそれを阻止するための動きを見せるべきなのに、大統領自ら「ロシアが、もしウクライナを攻撃しても、アメリカ軍はウクライナ領土に入らない」という宣言をしてしまった。武器などの支援はしても、一緒には戦わないと断言したのだ。このことは抑止力になるどころか、ロシアにとっては絶好の機会と受け止められた。

ロシアはアメリカに直接妨害されることを危惧していた。

過去にはイラクでアメリカ軍がイラクの上空に飛行禁止区域を設定し、そこに飛んでくる空軍機を撃墜していた。でも、ウクライナではそこまでの協力はしないと宣言したわけだ。

開戦後もウクライナが自国の上空をロシア軍の飛行禁止区域にしてほしいと要請しているが、アメリカは応じていない。

結局、これがバイデン政権の最大の失敗で、中国もアメリカのこの消極的な姿勢を見て判断することになる。

ドナルド・トランプ政権とバイデン政権で変化もある。

トランプ政権は中国の尖閣諸島への戦略を常に懸念し、尖閣諸島周辺で軍事演習を行っていた。トランプ大統領は尖閣諸島にアメリカ軍基地をつくることも明言していたほどだ。実際に演習場があるので、つくることは可能である。

これは尖閣諸島の領有を主張する中国にとって痛いところで、自分に主権があると主張するところに、なぜアメリカ軍の演習場があるのかという話になる。

トランプ大統領は2020年の段階ではそこまで踏み込んでいた。だが、バイデン政権になると弱腰になってしまった。

結局、このあたりの動きが中国を強気にしているのだ。

沖縄をどう守るか

台湾に限らず、日米にとっては台湾や南西諸島、沖縄を連結させて中国の脅威から守る必要がある。

沖縄のアメリカ軍基地や自衛隊の基地に中国が飽和攻撃をかけてくる可能性もある。日本ではあまり報道されていないが、実はロシアがウクライナに侵攻を開始した直後も、ロシア軍はウクライナ全域に飽和攻撃をかけてウクライナ軍は軍用機の半数以上を壊されている。

とくに考えなくてはいけないのが日本の姿勢だ。今、沖縄の基地は、どこも必ず相手からの先制の一撃を受けることを前提に対策が考えられている。準備がしっかりしているということではなく、先に手を出せないから、一撃を加えられたあとにどうするかという発想で防御態勢を考えている。

しかし、最初の一撃で滑走路を破壊されたら飛行機は飛べない。最初から相手にイニシアチブを取られてしまう。

中国が沖縄を攻撃してきた場合に、アメリカも必死の反撃をするかといえば、それは状況による。

中国は逐次的な攻撃をするなかで、アメリカと話をつけるだろう。

たとえば、トランプ政権でもシリアに向けてロシア軍が明らかにいる基地にミサイル攻撃を行っているし、バイデン政権でもシリアにあるイランの革命防衛隊の基地を攻撃している。逐次的な攻撃をすることへのハードルがアメリカや中国などの核保有国は低い。核を持っているゆえに、お互いがエスカレーションすることはないという暗黙の了解があるから、一次的な攻撃を行うことの心理的なハードルは低い。

また、アメリカと中国の間にはホットラインが存在し、両国の首脳はたびたび電話で長期間やりとりしている。

しかし、日中間にはホットラインがない。ホットラインをつくろうという協議を10年以上やっているが、進んでいないのだ。

バイデン政権には後ろ向きなところがあるから、もし台湾を見捨ててしまったときに、日本がどうなるか。

現在のアメリカと中国は密接な関係にある。

岸田政権が親中だと批判されているが、そもそもバイデン政権が親中。メディアは取り上げないが、これはオバマ政権時に進められたことで、ウクライナにあるアメリカの生物関係の研究所とは中国も関係しており、武漢（ぶかん）の研究所ともかかわりがあった。

このことはロシアの国防省が発表しているが、中国もアメリカもこれについてはいっさい反論していない。アメリカと中国は対立しているようでも、実は生物兵器を事実上、共同で開発しているレベルだ。

アメリカが弱腰になる場合も見通して、安倍晋三政権では中国に対応するための大きな枠組みづくりを推進していた。

アメリカと団結して中国を抑えたいというのが日本の戦略だが、アメリカだけでは心もとないということで、亡くなった安倍元総理は日本、アメリカ、インド、オーストラリアの4カ国による定期的な首脳会談（日米豪印戦略対話、クアッド）を組織し、対中国の包囲網を積極的に推進していた。

これは日米2カ国では梯子を外される場合もあるので、インドとオーストラリアを巻き込んだ枠組みをつくったものだ。

インドは従来は中立外交だから、アメリカにベッタリではないが、中国に対する警戒感があるので、中国を牽制する戦略には乗ってきた。

これは日米2カ国だとアメリカが政権交代によって、その対中スタンスが変化する場合があるから、それに備えた枠組みだ。

かつてのトランプ政権では、そこまで入れ込まなくてもよいのではというほど台湾の防衛にも肩入れしていた。

アメリカが台湾を守らなかった場合

3期目に突入する習近平政権が台湾併合に動き、アメリカが譲ってしまった場合、南西諸島と沖縄が対中国の最前線になる。その場合、日本はどうすべきか。

現在の政治状況はかなり厳しい。しかも具体的な提案をしても岸田政権がそれを実現する気があるのか、そしてできるのかという問題もある。

日本として取り組むことは、まず自分たちの防衛力を強めることだ。

中国の名目的な防衛費は現在22兆円ほどで、日本の5倍以上。やはり日本もGDP比で2%、10兆円程度の防衛費にならないと太刀打ちできない。相手と対等にはならなくても、南西諸島をきちんと守れるだけの力を持つ必要があるのだ。

それと、2023年6月から7月にかけて、日本は非常に重大な脅威にさらされていた。というのは、中国とロシアの海軍が共同で日本列島全体を包囲するようなかたちで演習をしていたからだ。北海道の宗谷(そうや)沖や日本海に彼らの軍艦が出現して交互に海峡を横断することがあった。航空機や電子偵察機も頻繁に往来して緊張状況にあった。

そういう動きをきちんと警戒し、何かのときには対応できるだけの備えを示していく。アメリカがどういう態度になろうとも、台湾に簡単に手を出せないなと中国が判断せざるをえないような状況をつくっていくことだ。

日本には専守防衛のルールがあるが、これは抑止力になりにくい。敵基地攻撃能力の保有が議論になっているが、強い覚悟を示すこと自体が結果的に相手を躊躇（ちゅうちょ）させ、戦争が起こることを防ぐ場合もある。

ロシアがウクライナに軍事侵攻した教訓を正しく汲み取らないといけない。本来は2019年に中国政府が行った香港への動きを見て判断すべきだった。

香港に対しても返還当時は50年間、1国2制度を保持するといっていたが、中国はわずか23年でその約束を自ら破った。中国はできるときには躊躇しないということだ。

台湾についても、胡錦濤時代には平和的な解決を口にしていたが、一方で、独立の動きがあるなら武力で阻止するという法律をつくっている。その後、習近平政権になり、香港を見てもわかるように、ひたすら力押しになっている。これは気まぐれな動きなどでは決してなく、中国の長期戦略のひとつだ。

台湾は小さな島だが、約2400万人の人が住んでいて、しかも上陸作戦に適した土地がほとんどない。上陸作戦は物理的な条件に左右されるから、その難しい条件を克服するだけの装備やノウハウが現在の人民解放軍にはまだ十分ではない。

しかし、アメリカは、この5年ほどの間に中国が台湾占領の挙に出る可能性を非常に高いものと見ている。

それはなぜかといえば、ずっと中国が力を入れていた空軍力と海軍力の整備が進んでいるからだ。とくに海軍力が飛躍的に向上している。

おそらく5年後には完全に台湾を軍事的に侵攻する能力を備えると見ている。

さらに台湾には親中派も一定数存在している。現在の国民党や民進党の一部は中国に近いスタンスだから、台湾で国民投票が行われれば、中国への統一を望む動きが出てくる場合もある。

もし台湾が中国に併合されたら、日本は選択を迫られる。日本が対中国の最前線になるわけで、そのとき、アメリカが日本を絶対に守ると宣言するかはわからない。中国と話し合って適当なところで妥協する場合もある。

最近の中国は経済的に他国を支配下に取り込む戦略を取っている。たとえば、最近政変が起きて経済が混迷しているスリランカは、中国から莫大な融資を受けてインド洋にコンテナ輸送の基地となるハンバントタ港をつくったが、結局、その借金が返せなくなり、中国にその港を2017年から99年間貸し出している。

中国は領土拡大の手段に経済も使っている。スリランカと同じようなことがこれから先、世界中で起きる可能性があるのだ。

わたしが非常に危惧しているのは２０２２年7月に日本市場への本格参入を表明した中国の電気自動車（ＥＶ）大手のＢＹＤ。同社は日本の潰れかかったディーラーを支配下に入れてビジネスを展開し、日本の自動車市場で拡大を図っていくだろう。

そのようなかたちで、中国の経済的影響は日本においても強まっていく。

中国も内部には矛盾を抱えているから、中国が自ら変わらざるをえなくなるまで持ちこたえるような戦略を日本も考えないといけない。

台湾の防衛も大事だが、その前に日本の防衛力自体を高めていくことが何より重要だ。

現在の人民解放軍の力

香港の民主化運動を弾圧し、台湾統合に向けても積極的な動きを見せるなど、習近平率いる中国が強権的な姿勢を強めている。

２０２２年10月の中国共産党の第20回党大会で、習近平体制が異例の3期目に突入したこともあり、軍事的拡張路線をさらに推進していることは間違いないだろう。

では、実際に中国共産党の軍隊である人民解放軍が現在、どれだけの実力を有しているのか。

そして世界最大の軍事大国であるアメリカと渡り合うことは実際に可能なのか。

まず、現時点で人民解放軍にアメリカ軍を圧倒するだけの力はない。とくに太平洋を舞台にしてアメリカ軍や日本の自衛隊と戦うことを想定した場合、まだまだ戦力的には劣勢であるといえる。

ただし、ここ数年の中国の軍備拡張自体には目を見張るものもある。

中国はもともと陸軍重視だったが、経済発展とともに海軍力の拡張に着手し、とくにこの5年の海軍の増強ぶりは著しいものがある。

一例をあげるとすれば、２０００年代までは保有すらしていなかった航空母艦の保有、建設が進んでいる点。未完成の艦体をウクライナから購入して完成させた「遼寧（りょうねい）」が２０１２年に中国初の空母として就役し、２０１９年には初の国産空母の「山東」も就役。

さらに２０２２年6月には3隻目となる「福建（ふっけん）」が進水し、２０２５年の就役を目指して試験や整備が進み、続く4隻目以降の建設も着々と計画されている。

その一方で、まだまだ弱点もある。

航空母艦の拡充を進めているが、たとえば、「遼寧」は速力が遅い点が空母としては致命的。滑走距離が短い空母の甲板から戦闘機が発進する際には強い向かい風のなかで発進する必要があるので、絶対的に速力が必要。

アメリカの空母は時速50キロメートルほどだが、「遼寧」は時速32キロメートルほどなのでこの点は不安材料。しかも「遼寧」も「山東」もカタパルトを装備しておらず、航空機の発進はスキージャンプ式なので、強い追い風のときにしか発進できない。また、両艦とも排水量が7万トン前後だから、アメリカ海軍が保有する10万トンクラスの航空母艦に比べれば、大きくない。

ちなみに2025年の就役を目指す「福建」は、満載排水量約8万トンで、従来のスキージャンプ式ではなく、艦載機をより素早く発進させることができる電磁式カタパルトを搭載している。

軍拡を続ける中国だが、当初の想定より遅れている部分もある。

わたしは胡錦濤時代（2003〜2013年）に日中防衛協力が行われた当時、人民解放軍の将校にインタビューをした際、「2010年代前半には空母3隻体制になっている」と明言されたことがある。しかし、技術力不足もあり、当時の将校の予測通りのペースにはならず、結局、3隻体制になるのは2025年だろう。

人民解放軍は航空母艦だけでなく戦闘機も充実させている。

中国の空軍と海軍の航空部隊が保有する主力戦闘機としてはJ11がある。これはロシアのスホーイ社製のSU27シリーズを輸入したり、中国でライセンス生産したりしたものだが、少なくとも200機以上が配備されている。

また、アメリカの最新鋭のステルス戦闘機に比べると能力は劣るが、J20、J31という2種類のステルス戦闘機を開発し、生産している。こちらも相当な数を保有しているから、脅威となるだろう。

中国による海洋進出

近年、中国は石油などの資源と貿易におけるシーレーンの確保を目的として南シナ海南部にある南沙(なんさ)諸島の岩礁や砂州の埋め立てを行い基地化するなど、この地域における海洋進出を一段と進めている。

中国と対峙するアメリカ海軍は太平洋で展開できる航空母艦を現在、常時2隻、緊急時に3隻配備することが可能だ。このアメリカ海軍に対して中国海軍が正面から戦うのは難しい。だが、南シナ海での動きを見ればわかるように、彼らが進めているのは全面戦争ではなく、少しずつその支配領域を拡大させるやり方。たとえば、台湾を押さえるためには、まず尖閣諸島を押さえようと動くだろう。

また、近年の戦争を考えるうえで重要なドローンの存在にも着目する必要がある。

ウクライナ軍が対ロシア戦で使用したトルコ製のドローン（バイラクタルTB2）が威力を発揮したことが注目されている。

中国もまた、ドローンの戦力を充実させている。とくにイスラエルから徘徊型（はいかいがた）ドローンを多く輸入した点には注意しないといけない。中国が700機ほど保有しているイスラエル製のドローンのハーピーは対空レーダーを攻撃するもので、レーダー照射されると、そのレーダーに向かって自爆攻撃をする。ハーピーを使って、まずレーダーを殲滅（せんめつ）したあとに戦闘機を飛ばすこともできるので、相当な戦力となりえるだろう。

2022年4月には中国は台湾の中華民国政府が実効支配する東沙諸島に対して数百機のドローンを侵入させている。南シナ海の北東に位置し、香港から320キロメートルほどの位置にあり、台湾が軍を置いている東沙諸島への挑発に対して台湾政府は反発を示している。また、沖縄の周辺海域でも中国の偵察用ドローンがたびたび確認された。

ドローンの軍事使用は国際法が整備されておらず、技術的な面と合わせて迎撃することが難しい。日本はドローンの軍事利用が遅れているから、とくに警戒する必要があるだろう。

人民解放軍の真実

世界最大の軍隊・中国の人民解放軍は、現在に至るまで、どのような歴史を持つのか。

その歴史は1927年8月1日の江西省の南昌での共産党軍による武装蜂起に遡る。

1924年に第1次国共合作が行われて以降、共産党員が個別に国民党に加盟するかたちになっていたため、当時の共産党は秘密裏の活動ではなく、国民党と協力し、国民党軍の一員として活動していた。

たとえば、孫文が1924年に広州につくった軍の幹部養成学校である黄埔軍官学校には共産党の軍人も入学し、校長は蒋介石だが、共産党の周恩来や葉剣英（ようけんえい）も幹部を務めている。

しかし、国民党と共産党との対立が深まるなかで、のちに人民解放軍の総司令官になる朱徳（しゅとく）を中心に南昌で決起する。

この決起は失敗に終わるが、8月1日は建軍記念日となり、人民解放軍の軍旗や軍服の帽章に描きこまれている「八一」の文字も、この日に由来する。

南昌蜂起以降、共産党軍は蒋介石率いる国民党との第1次国共内戦、日中戦争、対日本のための第2次国共合作、そして第2次世界大戦後の第2次国共内戦と、20年以上の長い戦いの日々を送る。

ちなみに人民解放軍の名称を正式に使い始めるのは第2次国共内戦の真っ最中の1947年からである。

第1次国共内戦では国民党軍がアメリカやイギリスから手厚い支援を受けていたのに比べ、毛沢東の共産党軍は毛沢東とソ連指導部との関係性の悪さもあり、ソ連から十分な軍事支援を受けられなかった。

そのため、共産党軍は山間部に追い詰められていた。

だが、日中戦争が勃発し、国民党軍と休戦することで窮地から逃れることに成功する。

日中戦争のきっかけは1937年7月7日に北京近郊の盧溝橋(ろこうきょう)で日本軍と中国国民党軍が偶発的に衝突した盧溝橋事件である。この事件の背景にも中国共産党がいた可能性があり、日本軍と国民党軍のどちらが先に発砲したのかが、いまだに明らかになっていない。

さらに、この事件の前年にも張学良が蔣介石を監禁し、国共合作と抗日を迫る西安(せいあん)事件が起きているが、この当時の共産党は国民党軍を日本軍と戦わせることによって双方を弱体化させて起死回生を図るという戦略を採用していた。

結果的に日中戦争の終了後に再び国共内戦が始まると、日本との戦争の矢面に立って消耗した国民党軍はアメリカの支援が打ち切られたこともあり、かつては圧倒していた共産党軍の前に敗北した。

毛沢東の目論見は見事に成功したのである。

人民解放軍の特徴として、中国共産党の軍として位置づけられていることがある。人民解放軍は国家ではなく共産党の指揮下にある。

そもそも中国は現在も軍事政権。最高軍事指導機関であり、習近平が主席を務める中国共産党中央軍事委員会が権力の中枢だ。行政機関である国務院も中央軍事委員会の下に位置づけられている。

昔の話だが、人民解放軍は共産党が農民の子弟たちを教育し、党員にするための組織でもあった。政府を通じて支配するのではなく、軍隊を通じて民衆と接点を持ち、共産党の権力基盤を拡大していった。

現在の中国が軍事政権であるということは、中国政府の関係者であるならば、当たり前の認識だ。

わたしは、かつて駐日中国大使で、現在、外交部長を務める王毅にも会って話した際、彼も自国を軍事国家と捉えていた。将校たちや党幹部もそういう認識だ。さすがに軍事独裁国家とまではいわないが、軍事国家という認識は持っていて、「中国共産党員ならば常識です」といっていた。

鄧小平による近代化

では、長い歴史を持つ人民解放軍が現代のように近代化していく過程には何があったのか。それは鄧小平とアメリカの存在が大きく影響しているという。

毛沢東死去後に中国共産党で権力を握り、現在の経済発展へとつながる改革開放路線を推進した鄧小平は、アメリカとの関係改善を果たした立て役者でもあった。

毛沢東の死去後、復権した鄧小平は軍隊を掌握し、近代化することに成功した。

文革終了時に500万人もいた人民解放軍を200万人規模に縮小し、その浮いた費用で軍の近代化を進め、軍隊を権力基盤に改革開放路線も推進していった。

鄧小平は1979年にソ連との軍事同盟である中ソ友好同盟相互援助条約の破棄を通告し、ソ連のアフガニスタン侵攻に抗議してモスクワ五輪をボイコットするなど、ソ連との対立を深めていった。

その一方で、1984年のロサンゼルス五輪への参加を決定するなど、アメリカとの関係改善を推進した。

現在は中国を脅威と捉えているアメリカだが、当時はソ連の存在もあって、中国をまったく恐れていなかった。

当時のアメリカは中国に対して二つの幻想があった。ひとつは、ソ連と敵対している中国は敵の敵なので味方のはずだという考え。

もうひとつは、鄧小平の推進する改革開放路線を支援すれば、結果的に中国の民主化につながることになるという甘い予想を持っていた。

だからアメリカなど西側陣営は改革開放路線を支援しようと、航空機をはじめ、最先端の技術協力をした。

その考えが誤りだと気づくのは、１９８９年に民主化を訴える学生たちを弾圧する天安門事件が起きてから。そのときになってようやく市場経済を導入しても共産党政権の独裁的な本質は変わらないということを理解した。

結果的にアメリカの政策が中国という強大な国家を生んでしまった。

アフガニスタン紛争でソ連に抵抗していたイスラム勢力をＣＩＡ（アメリカ中央情報局）が支援した結果、ウサーマ・ビン・ラーディンが台頭してきたことがあったが、アメリカは自分の力で自分の宿敵を育て上げてしまうことがある。

建国を宣言した１９４９年から１００年後となる２０４９年までに世界の覇権を握ることを計画しているといわれる中国だが、果たして近い将来、アメリカ軍と拮抗（きっこう）するだけの力を持つようになるのか。

日本も、そのことを見据えながら防衛力を強化していく必要があるだろう。

第9章 中国とロシア

パートナー関係深化に関する共同声明を発表した中国とロシア。両者の関係は友好的などではなく、アメリカやヨーロッパを意識して一時的に手を握っているにすぎない（2024年5月22日）

中国とロシアの本当の関係

2022年2月24日に開始されたロシアによるウクライナへの侵攻。開戦から2年以上が経過した。

2023年の春からウクライナは反転攻勢を強めようとしていたが、期待したほどの成果をおさめることはできなかった。現状でウクライナの国土の約2割はロシアの支配下に置かれており、基本的に「住民投票」を経てロシアに編入されてしまっている。

ゼレンスキー大統領がキーウにとどまり続けたこともあって、開戦当初は善戦していたウクライナだったが、むしろ、ここのところは戦争の長期化によって苦戦が伝えられ、「和平調停」の動きもトルコ、ハンガリー、インドなどから出ている。

開戦直後はウクライナへの支援に尽力していた西側各国も、今や、その結束が崩れつつあるようだ。

西側各国が迷走するなかで、今後、ロシアや中国などが、国際社会において、さらに発言力を増していくことになるのだろうか。

日本の新聞やテレビなどの大手メディアはロシアと中国がその関係を強めて「さらに国際社

会でも両国が発言力を持つのでは」という見立てを盛んに報じている。

しかし、実際の国際政治の世界はそれほど簡単ではない。

ロシアと中国の関係は友好的などではなく、わたしにいわせれば水と油。現在の関係も結局は対アメリカ、対ヨーロッパを意識して一時的に手を握っている側面が強いのだ。

4000キロメートルの国境線

ロシアと中国は地理的にも近接していて、4000キロメートルを超える長大な国境を接している。この大部分は東部国境と呼ばれるもので、アルグン川、アムール川、ウスリー川などの河川に沿って形成されている。

約1億4000万人の人口を有するロシア連邦だが、そのうちのほとんどの人々はヨーロッパ寄りの国土の西部に住んでいる。

実はウラル山脈の東側は人口密度がとても低く、わずか2400万人しか住んでいない。しかも中国と国境を接している旧満州地域はきわめて人口が少ない。ウラジオストク、ハバロフスク、イルクーツクなど、いくつかの主要都市があるが、地域全体でも600万人しか住んでいない。

ところが中国側はロシアとの国境の反対側の地域に1億人以上もの居住者がいる。しかも一時、ロシア側の地域には野放図に中国人や中国資本が入りやすい時期があった。

実は寒冷地帯のシベリアには農地がたくさんある。農地があれば自給自足ができるため、中国人がたくさんロシア側に入り込んで農業生産を開始していたのだ。

さらに、これは一時期、問題になったのだが、ロシアのバイカル湖から東側の地域は、どちらかといえば政治的にはプーチンに敵対的な野党勢力が強いところで、モスクワの中央政府の影響力が比較的届きにくい。プーチン体制の与党の統一ロシアよりロシア自由民主党やロシア共産党などの野党勢力が強い。

そういう特徴があるなか、かつてハバロフスクの州知事が失脚したことがあった。その知事はロシア自由民主党系なのだが、彼が失脚した背景には中国資本に買収されていたという裏事情がある。

それだけでなく、極東ロシア軍も中国の影響を相当受けていて、必ずしも一枚岩ではない。中国側はこの地域に影響力を及ぼそうとしていて、ロシア政府はそうした中国の動きを常に警戒しているのだ。

シベリアを狙う中国資本の正体

中国資本が浸食していくと、どのようなことが起こるのか。アフリカやアジアの発展途上国が同様の危機にさらされているが、中国のコントロール下の経済圏に入れられ、最終的には植民地のような状態になってしまう。ロシア政府が、その状態になることを手放しで喜ぶわけがない。

わたしはロシアがウクライナに侵攻する直前の2021年9月、ロシアを訪問したことがある。モスクワに行き、プーチン政権の与党である統一ロシアの幹事長でプーチンの側近のひとりのウラジーミル・プリーギンにもインタビューをした。

このとき、同時進行で外国干渉防止法が適用されたロシア連邦共産党が一斉捜査を受けていて、モスクワを騒がすニュースとなっていた。

外国干渉防止法は政治家が外国のエージェントになることを禁止している法律だ。これはアメリカがルーツの法律で、現在はアメリカとオーストラリアとロシアで法制化されている。それに基づいて捜査されたわけだが、これはロシア政府から中国政府への牽制の意味もあった。

なぜ、捜査をされたのかといえば、ロシア連邦共産党の幹部たちが中国に買収されていたからだ。

その買収のかたちはさまざまで、手が込んだものも多い。たとえば、党幹部の子弟が中国の名門大学に留学し、現地で遊び呆けて豊かな暮らしを享受していたりする。

この摘発は2021年に起きたことだが、同じようなことがシベリアでも起こっている。地方政府の幹部や軍隊の首脳陣が中国に買収されているのが明らかになりつつある。

だからシベリアには中国寄りの勢力が一定数いて、彼らは親中国なので、反日的な行動をすることが多い。

たとえば、プーチン大統領が北方領土の返還交渉に前向きで日本政府と話し合いを設けていた時期などには、北方領土に近いシベリアの地元の人たちが交渉を妨害したり反対運動をしたりしていた。

彼らは、なるべく返還に際しての値段を釣り上げて、日本が支払う経済支援のカネがシベリアに落ちるようにネゴシエーションをしていたのだ。

ロシアでの事業で成功している日本人の実業家が何人か知り合いにいるが、そのうちのひとりにロシア太平洋艦隊の司令官と非常に親しい人がいる。彼はロシアに行くたびにその司令官とよく一緒に遊んでいるようだ。

ロシアの軍人は権力があるから、その権力を生かして、ちょっとした副業をやっている人も多い。

その太平洋艦隊の司令官は超豪華なヨットを持っている。しかも、それはヨットというよりクルーザー級の豪華客船。船上パーティーをよくやっているようだが、片田舎の軍隊の司令官にしては異常にカネを持っていて、羽振りがよい。どう考えてもバックに中国のスポンサーがついている。

わたしの観察ではロシアは中国と友好的な関係を保ち続け、同盟国で指導者どうしが仲がよいというアピールをやっているが、軍事的にどうなのかといえば、そんなに仲よくはない。ところが極東方面のロシア軍や太平洋艦隊などの動きを見ていると、中国軍との連携がよすぎるように見える。

これはモスクワの中央政府の意向を踏み越えて勝手にやっているとしか思えない。どう見ても中国側のカネと人脈によって動いているのだろうなということが多いからだ。

本当はプーチンに近い統一ロシアの勢力は、シベリアが中国の影響を受けることを明らかに嫌がっている。

プーチンが中国資本より日本資本を望む理由

本当のことをいえば、ロシア側には中国ではなく日本の資本に入ってきてほしい、という気持ちがあるはずだ。

なぜなら日本の資本は海外に入り込んでも中国のように利益をすべてむしりとるようなことはしない。紳士的に仕事をするし、いまだにウラジオストクにはマツダの自動車工場があるくらいだ。

そういうかたちで、中国ではなく、日本の資本に入ってもらいたいと思っているロシア人は多い。

中国のやり方は日本とは逆だ。一度入り込むとどんどん増殖していき、その地域の本当の発展はもちろん二の次で、いかに自分たちが利益を上げるかだけを考える。ある意味、そこはシビアではるかに徹底している。

日本企業の場合は、ちゃんと現地の人を雇用し、ロシア人がその地域に増えるような仕組みをつくる。だから自分たちだけでなく現地の人たちも栄えるようにという視点があるので、長期的には歓迎される。共存共栄という感覚がちゃんとあるのだ。

ところが逆にいえば、日本が中国にやられていることを考えると、なんともいえない部分もある。

今、日本に多くの中国人観光客が来ているが、中国から来た人が日本に落としたお金も結局、中国人が持って帰る仕組みになっている。

たとえば、今、すごく人気で、外国人観光客でごった返している京都。ホテルも中国人が買っているし、恐ろしいのはホテルの部屋を年単位で中国人資本家が押さえていたりする。

わたしの知り合いに中国の旅行会社の社長がいるが、彼は京都の宿泊施設の枠をたくさん持っている。部屋を1年間使う権利をまず買い占めて、それをさらに中国人の客が入らないときにJTBなどの日本の会社に卸して儲(もう)けている。

だから日本国内の宿泊施設の権利を中国人が持っている。中国人が来たときは、そこに1泊する権利を借りる。がっちりカネを持っていってしまうわけだが、それと同じようなことをロシアでやろうとしている。

日本の企業はそこまでエグいことをしない。それを知っているから、ロシア政府も中国には相当警戒はしている。

シベリアに眠る大量のウラン

ロシアは国土が広大すぎるから、どうしても中央政府が管理しにくい部分がある。まずインフラも貧弱で、シベリアに物資を持ち込むのもその距離を考えると大変だ。

実は不便すぎるシベリアに対して国も対策はしている。シベリアの標準賃金の基本的な設定がヨーロッパ方面のロシアに比べて3倍高くなるなど相当な優遇をしている。

これは今に始まったことではなくて、ソ連時代からその仕組みが導入されていた。政府としてはシベリアでの労働力確保をそれなりに重要なことと見ていたわけだ。

それはなぜなのか。もともとロシアが帝政だった時代には流刑地だったシベリアだが、第2次世界大戦後には天然資源が豊富であることがわかり、国家をあげて開発を進めるようになる。

シベリアの天然資源の重要さが認識されるようになる経緯が面白い。実は、これは太平洋戦争末期にアメリカが広島と長崎に核爆弾を落としたことがきっかけだったのだ。

アメリカが核開発を進めて核爆弾を実戦で使用したことに脅威を感じたソ連は、危機感を持った。

「我が国も核兵器を一刻も早く持たないといけない」

そのとき、ソ連には核爆弾を開発するのに必要なウランがないことが問題となった。それでウランが採掘可能なところを探し、ソ連の影響下にある東ヨーロッパの鉱山をまず押さえた。さらにシベリアにもあるということがわかり、それ以来、積極的にシベリア開発に乗り出していく。

するとウランだけでなく天然ガスや石油も発見され、開発するための人手不足が問題となり、さらに大量の人材を確保しようとする。

最初はイデオロギーによる宣伝で共産主義青年同盟の労働者に「志願してシベリアに行こう」という大キャンペーンをやった。しかし、思想的な動員だけでは難しい。

結果的にフルシチョフの時代になると、シベリアで働く労働者の給料を上昇させるなど、働く人のメリットを拡大することで労働者が集まりやすくなるようにしていった。

たとえば、農業が盛んなウクライナなどから労働者がどんどんシベリアに流れていった。第2次世界大戦後はウクライナ方面からシベリアに移住した人が多く、シベリアにはウクライナ系の名前のロシア人が今も多い。

シベリアはそういう地域で、ロシアにおけるアジアとヨーロッパの境目になるウラル山脈は実際は国土の中央ではなく西寄りにある。

だからウラジオストクから汽車で移動しようとするとモスクワまで1週間ほどかかる。その広大な国土の８割の地域に人口としては２割にも満たない２４００万人、東京都二つ分に足らないくらいの人しか住んでいないのだ。

中国はそんなシベリアを利用価値のある地域と見なし、今も虎視眈々（こしたんたん）と狙っている。

プーチン、最初の大仕事

プーチンが大統領に就任して最初の大仕事はなんだったのか。

当時の中国は江沢民政権から胡錦濤政権への移行期。実はプーチンの大仕事は中国との領土交渉だった。

ロシア革命が起きてソ連が成立したころから中国との国境は確定していなかった。中国側にしてみれば、同じ共産主義を信奉する国家といえども、「けしからん」という意識をずっと持っていた。

それだけでなく、ソ連は中国からしてみたら、かなりひどいこともやっている。モンゴルを中国から奪って社会主義国として独立させたのだ。もともとはモンゴルも中国領だった。

北京の中国共産党政府はモンゴルのことを承認しているが、台湾の中華民国政府はモンゴルのことを国家として承認していない。それはそのときの歴史の因縁が続いているからだ。

台湾政府はモンゴルのことをソ連が勝手に占領した国として認識している。

帝政ロシアの時代に当時の清と結んだアイグン条約で国境線を確定するとしたが、きわめて曖昧で、実際には全然確定されていなかったのだ。

具体的にはアムール川の中州に線を引いたかたちだが、曖昧な部分も多く、両国間の火種のひとつになっていた。

中ソ対立が激しくなり、１９６９年にダマンスキー事件が起こる。これは国境の川であるアムール川の中州などの領土問題をめぐった国境紛争で、それ以降もこの問題は曖昧なまま持ち越され、ソ連が崩壊し、ロシア連邦が成立したあとに、改めて領土交渉が始まった。

それ以前から内密なかたちでミハイル・ゴルバチョフ政権は交渉を進めていたが、プーチンが２０００年に大統領に初当選すると、中国とその後も交渉を行い、胡錦濤政権のときに国境確定が成し遂げられた。

当時、このことは日本ではそれほど報じられなかったが、一部では平和的に領土問題や国境問題が解決できた模範例として取り上げられてもいた。

ところが、その後また、波乱が起きている。

習近平政権が発足すると、中国側は「領土は決まっていない」と言い出したのだ。本来はソ連が主張している沿海州やサハリン近郊も、かつては中国が植民していたから中国領だということまで主張している。もともと人の往来がそれなりにある地域なので、歴史をたどればいくらでもこういう主張はできるだろう。

変な話だが、日本の軍隊も、かつてはシベリアに出兵して戦っていたこともある。その理屈なら日本も領有権を主張できるのだ。

言い出したら、いくらでも言いがかりをつけられるわけだが、中国は近隣諸国に対して、この手の話をして、難癖をつけるのが非常に得意で、ずっとやっている。

だからロシアも本音では中国をすごく警戒していて、最終的な利益は一致しない。中ロ両国ががっちり組んで強力なブロックをつくるということは、まずありえないだろう。

中国とソ連の短い蜜月期間

そもそもロシアの前身にあたるソ連と中国は同じ共産主義国家だが、蜜月関係にあった期間はかなり短い。

お互いが険悪になり仲間割れを始めたきっかけも、毛沢東が中国全土の統一に成功してから数年後、スターリンがまだ生きていた時代に起こっている。

発端は中国側が核武装を望んだことだ。しかし、その要望に対して当時の社会主義陣営のボスであるソ連はいっさい協力しなかった。必然的に両国の関係は徐々に険悪になっていく。

中国側にしてみれば、ソ連がこの要望に応えてくれなかったのは、とても不誠実に感じたのだと思う。

なぜならスターリンの子分の金日成が朝鮮戦争を起こし、アメリカ軍に反撃されて負けそうになったとき、中国は相当な数の応援の軍隊を送り、犠牲を強いられながら戦況を逆転させている。多くの中国人兵士の血によって劣勢を挽回したのだ。

まだ中華人民共和国を建国したばかりの不安定な時期、中国はソ連や北朝鮮の要請を受け、同じ社会主義陣営の国の危機のために人民志願軍という名目で精鋭部隊を送り込んだ。

しかも、その前に最初に北朝鮮が軍隊を組織したときにも「朝鮮族が多いから」という名目で、中国は第4野戦軍の大部分を北朝鮮に派遣している。

北朝鮮軍はソ連が提供した装備と中国軍出身の兵士をベースにして1948年につくられたのだ。

これは毛沢東率いる人民解放軍が蔣介石の国民党軍と中国の覇権をかけて戦っている時期であった。

そのうえ、朝鮮戦争では出兵まで強いられた。中国の公式データによると、朝鮮戦争で亡くなった中国からの義勇兵は約40万人。彼らの多くは若く、重慶市(じゅうけい)や四川省(しせん)などから派遣された人が多かった。

そこまで中国に苦労をさせておきながら、ソ連は中国が核兵器を保有することに非協力的だった。

中国側としては朝鮮戦争のときにもアメリカ軍の総司令官だったマッカーサーに核兵器の使用をちらつかせられたりしているから、いつ中国本土に核攻撃を受けるのかと恐怖している。さらに「もし台湾に逃亡した蔣介石の国民党軍に核兵器が渡されたら」と思い、すごく不安を感じていた。

毛沢東としてはアメリカの核兵器から身を守るためにはソ連から提供してもらうか、自国で開発するかの2択しかない。

結局、そのときにソ連に拒否されたことが関係が悪化する端緒となり、1950年代の半ばから距離が開き、最終的には1965年に完全に両国が決裂する。その年には中国にいたソ連から来た学者や技術者たちがいっせいに引き揚げてしまった。

その少し前の1963年8月5日にはアメリカ、ソ連、イギリスの3カ国が部分的核実験禁止条約を結ぶ。この条約は核兵器の一部の核実験を禁止するもので、これにより、地下を除く大気圏内、宇宙空間および水中における核爆発をともなう実験が禁止された。

核開発で3カ国に対して後れを取っていたフランスと中国は反対し、条約への不参加を表明。

フランスと中国の立場から見ると、核開発で先行している米ソ両大国が核戦略で優位を保ち、後発国の参入を阻止する条約と映ったのである。当時、両国はすでに核開発に着手していたが、地下核実験の技術を持っていなかった。

フランスは１９６０年2月にサハラ砂漠で最初の核実験を行い、この条約のあとの１９６６年にＮＡＴＯの軍事機構から脱退し、アメリカ、イギリスなどと一定の距離を置く独自の路線を歩むようになる。中国も当時、中ソ対立でソ連との対立が深まりつつあり、独自の核開発路線へと向かい、１９６４年10月に新疆ウイグル自治区で原爆実験を強行している。

実は、この条約は日本国内にも影響を及ぼしている。日本共産党も中国派とソ連派で分裂することになったからだ。主流派でその後も共産党を率いる宮本顕治は中国派。一方で、ソ連派の志賀義雄（しがよしお）は衆議院議員をしていたが、分裂によって離党している。

ソ連対中国の争いは資本主義国の共産党にも大きな影響を与え、共産党が分裂するきっかけになっている。

しかも、当時はベトナム戦争が起こっていた。ベトナム戦争をどう支援するのかという話になり、アメリカはソ連と険悪になった中国に揺さぶりをかけてくる。

そのことがリチャード・ニクソン大統領と毛沢東主席の会談の下地になってくる。

本書では詳細まで説明することはしない。しかし、そのくらい国際的に影響を与える出来事になった。

ウクライナ戦争が明らかにした新型コロナの真実

ウクライナでの戦争もベトナム戦争が行われた当時と似たような状況をつくっている。中国は日本のメディアの報道の仕方もあり、ロシア寄りのように見られるが、アメリカやEUと距離を取っているだけで、ウクライナとロシアのどちらにも協力はしていないのだ。アメリカに批判的な立場からロシア寄りのようにも思われるが、もともと中国はウクライナとの関係が深い国である。

中国が提唱する「一帯一路」のルートにもウクライナは含まれている。そのため、開戦当初は中国政府は熱心に停戦の仲介をしようと動いているときもあった。王毅や習近平が両国の首脳と電話会談をしようとするなど、積極的な動きを見せていたこともあった。

最近では様子見をしている。それはなぜか。

実はロシア政府が盛んに警告を鳴らしているのだが、新型コロナウイルスが偶然発見されたウイルスではなく、新たに開発された生物兵器であることが明らかになったからだ。

その根拠としてロシア政府があげているのがウクライナとアメリカ、そして中国の3カ国が関与しているという衝撃の事実だ。

その3カ国が協力して微生物研究所を運営していたという証拠が侵攻先のウクライナで発見されたのだ。

これはロシア政府が発表したことによってわかったのだが、ロシアはウクライナの占領地からさまざまな資料や書類を押収し、明らかにしている。

実はウクライナにはソ連時代につくった細菌兵器の研究所がたくさんある。ソ連の崩壊後、それらの研究所の多くは資金難からアメリカの支援を受けて存続していることも多かった。

その研究所から持ち出した資料により、今、さまざまな真実が明らかになっている。

オバマ政権時代、新型コロナウイルスの震源地となった中国の武漢にある研究所に10万ドルもの資金を拠出していることがすでにわかっている。

ロシアが今、疑惑の目を向けているのは、新型コロナウイルスが中国とアメリカとウクライナの合作によりつくられたというもの。

この説を語ることによって、いわれなき誹謗(ひぼう)中傷を受ける可能性はあるかもしれない。

だが、物理的な証拠は十分にある。

プーチンが直接発表しているわけではないが、ロシア連邦軍には専門部署があり、そこの司令官は時々、記者会見を行い、ウクライナで押収した資料についての分析結果を発表しているのだ。

外交の世界ではこういう手法はよく行われるものだが、政府の首脳が明言したわけではないから修正ができる。その範囲内でロシア政府は軍の広報官を使って常に他国に揺さぶりをかけている。

それでこの事実が明らかにされていることによって、はっきりいって、中国は相当右往左往している。

中国にとっては絶対に明らかにされたくないことで、やはり痛くもない腹を探られているわけだ。

中国自身、ウクライナの極秘資料が、いともあっさりロシアの手に落ちるとは思っていなかったのだろう。

すでに勝敗が決まっているウクライナ戦争

ウクライナ戦争の帰趨（きすう）はすでに決まっている。西側諸国がウクライナを支援し続けるのは実質的に不可能になっている。他国からの武器や弾薬の支援がなくなれば、その時点でウクライナ単独での継戦能力はない。

このままいくと、ロシアを軸とした陣営とアメリカを軸とした陣営に分かれていくことは必須だ。すでにウクライナの敗北を前提に世界の外交当局は今後を見据えて動いている。

その将来において、まだ定まっていないのが中国の立ち位置だ。中国がロシア側に軸足を移そうとすると、アメリカがそれを揺さぶってくる。

なぜなら中国経済の大事なポイントはすでにアメリカに押さえられているからで、アメリカにしてみたら「やるならやってごらん」という姿勢なのである。

だから中国の立場も難しく、ロシアに簡単にシフトすることはできなくなっている。

とはいえ、ロシア側も中国やアメリカを牽制するように情報を小出しにしている。

「ウクライナの研究所から細菌兵器の資料が武漢の研究所に渡り、武漢で開発が行われた」という記録を入手したことを公に発表しているわけだ。

第10章 中国が国内に抱える不安

不動産開発のために取り壊された農村部の家屋（中国・山東省青島）。中国の物件は建てられる前に先に売約されるため、購入者からお金をもらったまま完成していない物件がたくさんある（2013年2月26日）

アメリカとロシアに揺さぶられる中国

ウクライナをめぐって対立を深めているロシアとアメリカのキャスティングボートを中国が握っているように見えるが、実際にはそうではない。その両方から揺さぶられ、逆にっちもさっちもいかなくなっているのが実態だ。それが、ここ最近の和平交渉にも動けない中国当局の優柔不断さに表れている。

中国にとっては本当は自国のプレゼンスが上がり、自らを高く売れるはずだったのに、隠したかったことが明らかになり、困っているような状況だ。しかも外交上の問題だけでなく、共産党支配を揺るがすような政治の危機も起こりつつある。

なぜかといえば、不動産バブルの崩壊による経済失政が非常に大きい。日本のバブル経済の失敗から学べば、すぐにでもわかりそうなことをやってしまっている。

建てたままで売れずに余っている住戸は、なんと今、中国全土で9億戸もあるといわれている。14億人の人口の国に9億世帯分の空き家があるということだ。

それでいて中国の不動産は建てられる前に先に売約されるから、更地のうちに設計図の段階で取引される。

買った人たちからお金だけもらって完成していない物件もたくさんある。そういう異常なことが起きていて、不動産会社が潰れまくっている。

なぜ、建っていないうちから買うのかといえば、完成した瞬間に購入した金額より高く売れるから転売するわけで、日本のバブルと一緒で、とにかく先に買ったものが勝ちという現象になっている。

中国のやり方はさらにひどいもので、中国は農村部に住む農民と都市住民の所得格差が広がりすぎている。

たとえば、自分が仕事で北京に行っていたとき、もう数年前になるが、都市部で暮らす住民は日本の平均世帯収入より上だった。これは最近も変わらないと思う。

都市部に限っていえば、中国人のほうがすでに日本人より金持ちだ。ただ、北京から車で4時間ほど移動すると、子どもが裸足(はだし)で歩いている。

そこで暮らしている人たちは、靴も買えないほど貧しい。彼らの所得はどのくらいかといえば、日本円で年間100万円あるかどうか。50万円以下の世帯も珍しくない。そういう地域に生まれたら、何かしらの病気になった場合は、よほど運がよくない限りは死んでしまう。

というのは、中国には日本のように医療保険がなく、全額払えないと医療を受けられない。都市住民には日本のような医療保険の仕組みがあるから、それほど困らない。でも、農村部で医療を受けるのは相当難しい。

ただし都市部でも救急車を呼んだ場合は「まず現金を見せろ」と確認される。現金を持っている人でないと運ばない。

今は現金ではなくスマホで払えるようになっているが、同じことだ。日本のように簡単に救急車を呼ぶことはできない。

農村部は重篤な病気になった場合、カネがなければ死ぬしかない。それは、わたしが勝手に評価をしているわけではなく、中国の地方政府に勤める人間からそういう話をたくさん聞いている。

胡錦濤時代に7年かけて農村部にも日本のような医療保険の制度を普及させようとしたのだが、結局、その改革は失敗に終わる。

中国の14億人のうちの約8割、12億人近くの人はいまだにその状態だ。

だから農村部の人は都市部に移動したいと思っているが、戸籍を簡単に移動することが許されずに規制されている。ものすごく賄賂を積めば移動が可能になる。

高い学歴でよい企業に就職しない限り、農村部の住民が都市部の住民になるのは難しい。

ただ、例外も多少はある。息子の世代で都市部の戸籍を取得することができれば、農村部の戸籍の親を都市部に引き取ることができる。そうすれば、自分で庇護ができるわけだ。

中国における貧富の格差

都市部と農村部の収入の格差はそのくらい半端ではない。そういう現場を見ていると、中国という国の難しさ、特殊さを感じる。社会主義の名残を感じるというか、共産党が全権力を握っているから、共産党の決定という名目で中国は国民に土地を所有することを認めていない。中国の土地は事実上、中国共産党が所有している。だから政府が開発を認めれば、農民が耕作権を取り上げられて土地を差し出さなければいけない。

もちろん、ただで差し出すわけではない。政府はそれまでの耕作権にあたる金銭分の住戸を与える。農民から徴発した土地を市街区に開拓する場合は、必ず代わりとなるマンションを与えるから、同時に新しい働き口をつくるようにする。

たとえば、子どもは都市部で出稼ぎに行き、親たちは開発された地域で小売店などを経営する権利を持たしてもらう。

国の予算をそのように開発に投資し、あちこちに不動産を開発していった。

ところが、それが今焦げついていて、そこに住戸を与えられた農民たちは誰も引っ越してこない。かろうじて娘や息子が出稼ぎに行って、その仕送りでカツカツと暮らしている。

「開発されたのに、事前に聞いていた話とまったく違うじゃないか」

という現象が中国全土で起きている。それで、どんどん焦げついている。それが中国の不動産バブルの本質だ。こうなることは以前から聞いていて、10年前からわかっていたことだが、ようやく失速が明らかになってきた。

不動産は物件を転がしていくだけで実態はない。この乱開発が始まった当初は日本から鉄くずがなくなっていくことがあった。

あれは中国に売られたのだ。だから経済効果の波及で名目上成長しているように思えるが、マンションが売買されるサイクルがどこかで止まったら、いつか破綻する。

それでマンションの建設需要が下がってきた現在、これまで左うちわだった中国の建設会社がどうなったのか。

建設会社が不況になるのかといえば、そうはならない。彼らは今、中国ではなく海外に出ていっている。

たとえば、中国の開発によって植民地のようになっているように、中国の建設会社はアフリカで建設事業をやっている。

しかも中国人の労働者たちも現地に連れていくというのが中国のトレンドなので、農民工をいっぱい連れていって、ガサガサつくっている。

アフリカなどで中国政府はガツンとカネを貸し付けて支払えなくさせ、資源を取り上げてしまう。結果的には経済的な支配を強めている。

だから中国国内の経済は荒廃する一方。結局、不動産の乱開発ばかり、バカのひとつ覚えのように推進してしまった。本来はほかの分野への設備投資などを推進して経済を持たせればよかったのに、そういうバブルばかりを追っかけたから、もう立て直すことができない。

しかも、最近発覚したのが習近平一族も不動産を購入していたことだ。ハッカーたちに捕捉されて資産状況も調べられ、中国国民の多くが習近平の欺瞞に気づいてしまった。

それで今、何が起こっているかといえば、お金をある程度貯められた富裕層は静かにダムの底のひび割れから水が漏れ出るように外に出ている。日本で不動産を買い漁っている連中はそういう中国人ばかり。

まず東京で購入し、その後、賃貸収入や転売で一定の収益を上げることができたら、今度は北海道に購入する。そして北海道に購入することができたら、北海道に住みつくようになる。東京の物件は資産として残し、北海道で隠れて暮らす。

今は少しずつ中国人が本国から逃げ出し始めている。ただ、現在はそうすることが可能だが、徐々に厳しくなってきている。

そのほか、かなりの規模の富裕層はカナダなどに移住するが、そこまでではない層は資産が管理しやすい日本に来ているケースが多い。

日本は民度が比較的高いから、安全で暮らしやすいと思っている中国人にとっては避難場所としてはうってつけなのだろう。

石丸伸二の叫ぶインバウンドの危険性

中国人の不動産の購入を規制すべきという意見もあるが、日本経済が彼らのお金をあてにしている時点で現実的ではない。日本がインバウンドを目当てにしている時点で無理な話だ。

2024年の都知事選で2位になった広島の前安芸高田（あきたかた）市長の石丸伸二（いしまるしんじ）も、市長時代、インバウンドを中心に立て直しを行うとよくいっていた。たしかに広島県の山間部の自治体だから、インバウンドくらいしか地域の振興策がない。

北海道の倶知安（くっちゃん）町やニセコ町はすでに買い漁られていて難しいだろうが、今後、一定の規制を設ける必要性は出てくるかもしれない。

たとえば、原子力発電所の近隣の土地、アメリカ軍基地や自衛隊の駐屯地周辺などで外国人が購入しているケースについては調査するという法律はできるだろう。本来は禁止したほうがよいが、それについては不動産業界をはじめ、反対意見も根強いのが実際だ。

人民解放軍の本当の実力

中国が現在のような状態のなか、今後、ロシアと中国の関係はどうなっていくのか。

中国には、これまで述べてきたように危ない要素がいっぱいある。エネルギーの供給も安定的かといえば、まったくそんなことはない。

では、天然ガスをはじめ、資源が豊富なロシアが中国にエネルギーを供給するのかといえば、中国側としてはロシアに命運を握られたくはない。

結局、覇権国家を目指している中国だが、その野望を達成するのは相当難しい。なぜかといえば、やはり軍隊が強くないからだ。

中国軍で他国が脅威を感じるのは核戦力くらいのもの。海軍もそれほど一流ではないし、陸上部隊も兵士の数は世界一だが、単純に国土が広大だから多いだけで、実質的には治安部隊なのだ。

近代における中国の戦争の歴史からもわかるが、中国は負けずに長期戦をすることはできるが、勝ったことはほとんどない。

これは毛沢東が提唱する理論の影響もあって、広大な国土に相手の軍を引き込んで消耗させ、負けないで持久戦に持ち込むことを重視している。

朝鮮戦争も中国軍が勝ったと主張しているが、実際は負けていないだけだ。

日中戦争も負けなければそれでいいと割り切って、ひたすら持久戦に持ち込み、国民党軍と戦わせ、日本軍と国民党軍の両軍ともに泥沼に引きずり込んで消耗させていた。

敵と敵を戦わせて両者が弱ったところにソ連の助けも借り、共産党の軍隊である人民解放軍がようやく出てくる。

戦略や戦術の面で考えると、とても道理が通って素晴らしい。極力戦わずに最後に果実だけを貪ろうとするわけだから、これこそ毛沢東の哲学の真髄を感じさせる。

現在の人民解放軍の戦力を見ると、アメリカのように覇権国家として世界のリーダーとして振る舞うようなことは絶対にできない。

アメリカ軍のように、地球のどこで戦っても一定の成果を出すということは人民解放軍には難しい。そもそも、そういう国ではないからだ。

しかも中国にはグローバルな人材もいない。世界に通用する人材を共産主義国はつくらない。かつては共産主義を信奉する人間にも優秀な人間はいたが、習近平やその側近たちを見ればわかるように、21世紀では現れていない。今後もそういう人物を生み出すことは難しいだろう。

仮にそういう人物がいても、国の中心になるということは今の中国の体制のなかではありえないと思う。

誰も共産主義を信じていない中国

かつては共産主義による革命を志した世代が指導者だった中国だが、現在の中国の政治家たちは共産主義を信奉しているのかどうか。今も国民みんなが豊かになるという発想を持っているのかといえば、そんなことはもちろんない。

ただ、中国のエリート層たちは現在の体制に対して利益共有関係にあるから体制は維持されているが、たとえば、誰かが飛び抜けて稼ごうとしたときには頭を押さえられることはある。

アリババの創業者ジャック・マーが問題になったように、ああいうことに対しては世論の反発が一定程度あり、それを気にかけて政府が動くことはある。

ただ、貧困層に底上げがあるわけではなく、貧しい人はいつまでも貧しい社会であるのは間違いない。昔は違ったのかもしれない。毛沢東は貧しい人の郷愁を集め、それをベースにして習近平がのし上がったわけだが、かつての中国は、何かといえば、みんなが貧しくて等しく平等だった。

これが鄧小平がリーダーになってから、今度は富める者から富むようになり、頂上が高くなれば裾野が広くなり、結果的にみんなが引き上げられるはずだと期待を抱いた。

はっきりいえば、日本の高度成長の仕組み。鄧小平の思惑通り、経済成長自体はすさまじいスピードで起きた。

ただ、それも低成長でここまできた。成長させる要素はいっぱいあるが、世界の工場の役割を担い、低い労賃でたくさんものを生産すれば貿易によって儲かるのではないか。目覚ましい経済成長の可能性に日本の企業が目をつけ、一所懸命投資をして現地で工業製品をつくり、発展を積み重ねてきた。

しかし、同時にものすごい不平等が生まれてしまった。格差ができて都市住民もそれほど豊かではないのに、農村と都市の間には、さらに乗り越えられない差が生まれた。

これをどうやって変えるのか。

中国の国内に引っくり返すしかないのではという発想が生まれないわけではなく、不満を抱えている人はもちろんそのように思う。みんなが貧しかったうちは民族紛争もほとんど起きていない。

たとえば、ウイグル自治区で民族紛争が起きたのは1980年代以降のこと。

日本と中国が国交を回復してからシルクロードツアーなどをやっているときは、ウイグル自治区は平和そのものだった。

わたしの叔父も、あのあたりを旅行してきたことがあったが、帰国してからは「天国みたいだ」といっているくらいだった。

なぜ、民族問題が起きたのかといえば、ガス抜き的な要素もある。異民族がいるところには都市部もあって、少数民族である彼らからすると、漢民族ばかり繁栄を享受して自分たちは置いておかれたままだと思っている。

もちろん貧しい漢民族もいるが、少数民族から見れば、基本的には中央でうまいことやって利益を得ている人間のほとんどは漢民族ばかりに見える。

それで、その都市部から流れてきた資本で観光開発し、いつまでも安いお金で現地民をこき使ってやっていく。その構造に少しでも逆らえばすぐに軍隊が飛んでくる。

少数民族側からしてみたら、奴隷のようにこき使われているだけとしか思えない。

漢民族が一方的に弾圧しているというより、むしろ反乱というか、少数民族のほうがふざけるなよという感じで、独立運動自体が気晴らしというか、ガス抜きになっている。

チベットなどは共産党政権が完全に抑圧した歴史があるが、それ以外は大きな動きは起きていない。

最近のウイグル自治区は独特なところで、ソ連が最初は国の一部として統治しようと考えていたが、統治しにくい民族だと見なされ、中国に対応を投げてしまった。そういう背景があるから複雑だが、かつてはおおらかな時代もあった。

ところが、だんだん共産党のやり方がおかしいという話になってきて、ウルムチやトルファンでは少しでも逆らうと弾圧されるようになって、それに抵抗する動きも活発になり、一触即発状態が続く悪循環が起きた。

それが1980年代。

その後は共産党による同化政策が始まるが、それがさらに強化され、他国から批判されるほどになってきたのが習近平がトップになってからだ。

江沢民政権や胡錦濤政権でも同化政策はあったが、もう少し緩やかだった。

ウイグル人は中国の農村部の農民工と同じように都市部に出稼ぎに来ていて、その都市でウイグル社会、いわゆるウイグル人によるコミュニティーをつくっている。

彼らはイスラム教徒だから、都市部にはモスクがある場所もあり、彼らだけでなく漢民族で、たとえば、仏教から改宗してイスラム教徒になった人もけっこういる。そういう人たちと仲よくなって一緒にウイグル料理屋やイスラム料理屋に食べに行ったこともあるが、驚くほどおいしかったりする。

かつては都市部にはそういうコミュニティーがあったが、習近平政権ができてから、ものの見事に民族浄化の一環として、なくなっている。

同化政策や民族浄化があれば被害を受ける側も反発し、民族自立や民主主義を求める動きを示す場合もある。

それに対して、中国政府側は「彼らは野蛮だ」という民族的な偏見を振りまき、さらに圧迫する。

「モンゴル人は野蛮だ」「チベット人は野蛮だ」「ウイグル人は野蛮だ」とレッテル貼りして彼らを弾圧する。

最近始まったのは「朝鮮人は野蛮だ」というキャンペーン。朝鮮民族もかなり中国には住んでいるから、攻撃の対象が彼らへと向かっている。

怖いのは習近平時代になってから、それがある種、政策化され、国家の取り組みとして行われていることだ。

たとえば、独自の民族語教育も禁止されつつある。朝鮮語やモンゴル語などを教育することができない。以前は公教育でモンゴル語も朝鮮語もウイグル語も教えられていたが、これが禁止された。

だから小学校、中学校で教えることができなくなっている。

ウクライナ戦争の本当の原因

このようなことはソ連がスターリンの独裁時代でもやっていないことだ。本当にひどい話で、言葉を禁止するというのは民族の歴史の抹殺で、戦争の要因にもなるようなことだ。ウクライナにおける内戦の原因のひとつでもある。

2014年2月に議会で公用語からロシア語を排除しようという動きがあった。ウクライナはウクライナ語とロシア語の両方が公用語になっていたのだが、その動きがロシア系住民を結果的に刺激し、ロシア系住民の多いウクライナ東部で分離独立運動が活発化し、内戦が始まった。

中国でも、ウイグル人に独自の言語を禁止して再教育を進めているが、紛争の原因に十分になりうる。

本書でもたびたび警鐘を鳴らしているが、習近平思想は本当に恐ろしい思想だ。

そこで唱えられている偉大な中華民族の復興とは何か。習近平思想の唱える偉大な中華民族は中国共産党の指導を受け入れる民族のことなのである。鄧小平が出てくる前の共産主義の時代でも民族の理論でこんな説を唱えた人はいない。本来、民族というのは固有の歴史と文化と言語、血族を同じくするもので、政党の指導を受け入れるから同じ民族であるなんていう理屈は常識的に考えても成り立たない。

歴史や文化、言語などで成り立つ民族による自決権を認めるべきというのは、第1次世界大戦以降の考え方としては非常にポピュラーなものである。

その考えに基づき、インドをはじめ、欧米各国の植民地として苦しんでいたアジアやアフリカの各国が独立をしている。

しかし、習近平の発想は、そういった国際的な標準とまったく関係がないムチャクチャなものだ。

かつて中国の王朝に支配されたことがある周辺地域は本来すべて統一されるべきだという本音を習近平思想ではあらわにしている。

偉大な中華民族の復古思想に基づくと、ウイグルはもちろん、ベトナムや朝鮮半島、琉球など一度でも中国の王朝に朝貢していた国や地域は全部含まれる。

少なくとも清の前の明の時代に朝貢した国は全部含まれる。そういう独善的な思想なのだ。

そして、この習近平思想のベースになっているのは孫文が唱えた三民思想。三民思想も中華民族の復興を謳（うた）っていて、本来、中国の版図のなかに琉球や朝鮮半島、ベトナム、タイ、ミャンマーなどまで含まれている。

明の時代の最大版図こそ中国だと孫文は訴えた。ベトナムなどは支配していたわけではなく朝貢していただけなのだが、それも含んで考えている。そういうことを考えると、やはり恐ろしい思想だ。

だから今は言い換えているが、中国というのは中華人民共和国が成立したときには、諸民族が友好関係、対等関係にあり、諸民族がお互い自治権を持ちながら、協力して建国した共和国、連邦国家だといっていた。

なのに、最近では、中国では古来56の民族がいたが、それを中国共産党の支配のもとにひとつの偉大な中華民族になったと言い始めている。

ウイグル語やチベット語などはもちろん独立の言語なのに、ある意味、方言のようなものだとまで言い出している。文化的にも北京語を中心とした中国語をなるべく全土的に浸透させて中国共産党の指導を受け入れて団結するということを呼びかけていて、それによって中国が世界のリーダーになるといっている。ムチャクチャで恐ろしい理論だが、これが習近平思想の核心だ。端的にいって、これは恐ろしい民族浄化そのもの。

ロシアも多民族国家であるが、中国のようなかたちでの民族弾圧はない。ただ、その傾向がウクライナに対しては出ているから、その点は注意して見ていく必要がある。

プーチンは、ロシアとウクライナとベラルーシの3カ国は同一民族であると頻繁に主張している。

実際には同一ではない。たとえば、ウクライナ一国を取ってみても、東部と西部でだいぶ文化が違う。ロシア正教徒が多い東部に比べると、西部は主にカソリック文化だ。

しかも、もともとロシア帝国の発祥の地はウクライナの首都のキーウだ。だからキーウはロシア人にとっても聖地であり、一定の思い入れがある地域だ。そういう意味では、宗教と文化を共有しているのは間違いない。

ただしウクライナ西部は、かつてハンガリー・オーストリア帝国の版図に入っており、その時代にカソリックで徹底的に教化されているから完全に分かれていて、民族的にも同一といえない面もある。ハリーチ（いわゆるガリシア人）といわれる民族なのだ。

実は本当にバランスが取れていないのはウクライナで、クーデターを起こした勢力の中心はガリシア人で、カソリック教徒だ。

だからロシア人を排除するだけでなく、ロシア正教に対する排除もやっていて、ウクライナのなかでも内紛状態にある。一部の教会が破壊されるような過激な事件もたびたび起きている。ただ、圧倒的多数のウクライナ人はロシア正教徒なので、大問題になっている。

ウクライナに潜むナチスの残党

ウクライナで起きたクーデターはとても根深い問題だ。これはウクライナ西部の勢力が中心で、その西部勢力はアメリカのＣＩＡのサポートを受けている。

もともとはナチス・ドイツに協力的な勢力だったのだが、その勢力をＣＩＡが第2次世界大戦後に引き継いでソ連に対する抵抗運動をずっと育ててきた。その延長でウクライナにクーデターを起こさせた。

その背景を考えると、ロシアに批判的なウクライナの勢力のことをプーチンがナチス呼ばわりするのも、あながち根も葉もないことではない。そもそも彼ら自身がナチスを名乗って活動しているのだ。

だからプーチンがいっていようがいまいが、ナチスそのものだ。彼らは自分たちのことを疑わず、正しいと思ってやっている。日本政府もそのことをわかっているから、ウクライナの支援は表立ってはやっていない。そういう流れがあった。

とはいえ中国は、やはり実利主義だから、ある部分ではそういうウクライナと仲よくし、ロシアと距離を置いて揺らいでいるウクライナからソ連の軍事技術や航空母艦など、多くのものを受け入れている。

北朝鮮のミサイル技術も、その一部はウクライナから流出したと見られている。

中国が嫌がるロシアと北朝鮮の関係強化

国内問題では統制が取れていない中国だが、外交ではそれなりにうまく立ち回っている。日本の外交と違い、国益を考えて現実的に対処するということをきちっとやっている。ウクライナとも深い関係にあったために、ロシアによる侵攻の初期は調停者になろうともしていた。トルコほどうまくは立ち回れないが、国力を使っていろいろやろうとしているのが見える。あとはアメリカとの関係だ。ただ、その調整は難しいと思う。ロシアとも一体になれないが、そのように見えるポーズは取っている。

存在感を高めるためにプーチンとの密接な関係を習近平は誇示しているが、腹のなかでは両方ともいろいろある。

プーチンのほうも今回のことを機会に中国に食い込まれすぎても困るというのがある。

一方で、中国側からすると、いちばんロシアに対して頭にきていることは、なんといっても北朝鮮との関係を強化し、自陣営に取り込んだことだ。２０２３年秋ごろから上手に取り込んで関係を深化させ、ウィンウィンの関係をつくっている。

北朝鮮側は中国のように相手の政治や外交に踏み込んで、いろいろいってくる国とは距離を置こうとしている。

その点、ロシアはすでに共産主義を捨てている国だから、実利で北朝鮮と付き合っている。有り体にいえば、銃弾が足らないから売ってくれという経済的な取引ありきだ。

しかも最近では銃弾よりさらに重要な軽工業品の生産も北朝鮮は引き受けている。たとえば、ロシア軍の装備品のなかでも軍服などは北朝鮮がつくって供給している。動員によって兵隊が増えたために、さまざまな物資が不足していて、その需要をうまく北朝鮮が取り込んでいる。

公表されている取引の中身を見ると、レアメタルの開発や、ウラン、タングステンなどもロシアがやりたいので、独自の調達ルートをつくってほしいと要望している。

その見返りとして、ロシアは北朝鮮の宇宙開発に協力することを提案している。もちろん宇宙開発というのは名目で、実際はミサイル開発に転用できる技術の協力だ。

ロシアも形式上は非常に気を使っていて、国連の北朝鮮に対する制裁決議に賛成しているから、その決議に抵触しないようにいろいろやっている。北朝鮮のミサイル核開発については、ロシアも制裁に反対せずに賛成しているから、その点はいちおう慎重にやっている。

かつての決議があるから、それが縛りになっていて、協力の範囲は限定的だが、少なくとも人工衛星を提供するわけではなく、あくまで宇宙開発という建前でやっている。

それで今はロシアがウクライナで占領している地域、ドンバス地域やザポリージャとヘルソンには北朝鮮の派遣労働者が入り始めている。さらに彼らを防衛する名目で北朝鮮の軍隊が入っている。

そういう動きに対しては中国が敏感になっていて、北朝鮮とロシアの関係が親密になることを非常に警戒している。

結局、ロシアとの関係を強化した北朝鮮が、これまで依存しっぱなしだった中国に対して独自性を主張し始めることを恐れているのだ。しかも、そういうかたちで朝鮮が強くなると、旧満州地区、中国の東北部にいる200万人ともいわれる朝鮮族に非常に影響を与える可能性がある。この朝鮮族に対しても共産党は偉大な中華民族路線でかなりの圧力をかけているから、彼らの動向に気をもんでいるところはある。

これまでは吉林(きつりん)省のあたりでは朝鮮族が多いから朝鮮語教育は当たり前だった。だが、それを禁止してしまった。普通はこういうことがあれば当然、抗議をする。

あのあたりは、そもそも北朝鮮と地続きの地域で、相互に親戚が住んでいたりするところだ。そういう地域で民族の言葉の学習権を奪うということは、本当に侮辱的な行為である。朝鮮民族も内心では腹が立っていると思う。そういう複雑な関係があり、なかなか利害が一致していない。だから何度もいっているように、中ロが手を結び、よい関係で世界をリードしていくのかといえば、大間違いだろう。

第11章 中国とグローバルサウス

今後の世界経済の動きで注目する必要があるのはＢＲＩＣＳだ。グローバルサウス諸国がアメリカを離れつつある今、経済成長が続くロシアの今後に目が離せない（２０２４年７月11日）

世界で進むアメリカ離れ

今後の世界の経済の動きで注目する必要があるのはＢＲＩＣＳ（ブラジル、ロシア、インド、中国、南アフリカ、エジプト、エチオピア、イラン、アラブ首長国連邦、サウジアラビア）だろう。今、正式な加盟国は10カ国になっている。

しかも加盟各国で注目すべきはアメリカとの関係が変わりつつあるという点だ。これまでのアメリカベッタリから多極化が起こりつつある。

加盟国で見れば、ブラジルがリーダーシップを発揮しつつあり、ブラジルはロシアとも非常に良好な関係を築いている。

プーチンがそのことをどう表現しているかといえば、これまでの一極集中構造ではなく多極化だ。

プーチンはロシアが世界のトップになるということはまだまだありえないと思っているが、日本を追い越してＧＤＰで世界で3位になるのは遠くない将来だと公言している。ドイツを抜いて、次は日本を抜くといっている。

ウクライナとの戦争のダメージもすでにほとんど感じさせず、ロシアは経済成長がすさまじい。インフレで国民生活が苦しいという難点はあるが、ＧＤＰの成長度合いはすごい。

ウクライナで戦争を始めたことにより、西側諸国を中心とした貿易体制からはロシアは排除されたが、そのことが逆に功を奏し、インドや南アフリカなどのグローバルサウスとの結びつきが深まって、そのことが経済に非常によい効果をもたらしている。

ＢＲＩＣＳが核になり、グローバルサウス諸国がアメリカを離れつつある。今、ＢＲＩＣＳのなかで話し合われているテーマはズバリ、基軸通貨としてのドルの廃止。これがもし決まったときに、アメリカの現在の優位はどうなるか。

経済成長が目覚ましいロシア

ロシアといえば、少し前までは人口減少が深刻な問題と思われていたが、ここのところ、その人口減少が止まり、改善されつつある。

なぜ、少子化対策が功を奏したのか。これは研究する必要があるが、これまで少子化対策が成功した国はドイツやフランスなど、結局、移民政策を積極的に採用していた国ばかりだ。

だから単純に参考にすることはできないが、ロシアは成功し始めてきて、出生率はこのところ上がってきている。

ロシアの人口減少は構造的に深刻な問題だった。なぜなら、その起源は第2次世界大戦まで遡る。ナチス・ドイツとの熾烈な戦いで成人男性が死にすぎてしまって、ほとんどいなくなってしまった。その数はなんと2700万人。

これにより、女性の結婚相手が不足し、人口の増加が止まってしまった。

その後遺症が70年ほど続いていた。

さらにソ連が崩壊して経済的にガタガタになったことも大きい。

ようやく堅調な経済成長の軌道に乗ってきたものの、自国産業の振興は、いまだに十分ではない。

しかし、ロシアの強みは豊富な天然資源。天然ガスをはじめ、レアメタルなど資源がいくらでも出るから、販売相手がいれば、いくらでも潤うことができる。

それと輸出品としては穀物もある。今回、ウクライナとロシアという世界の穀物の2大産地が戦争をすることになった。

穀物がある国は同時に肥料も大量に生産することができるのだが、今回、プーチンは肥料外交を展開している。

肥料が滞っている国に肥料を提供して友好な関係を築いていくということをやった。食糧難に苦しむ国に対しては、とても大きな外交カードになるから、アフリカ諸国は今や雪崩を打ったかのようにロシア寄りの立場を取る国が続出しつつある。

もともとインドのようにロシアに近い国もあるが、西側の同盟国家のなかにも親ロシアのスタンスを取る国が増えつつある。

なかには狡い国もあって、トルコはＮＡＴＯ加盟国なのにウクライナに大量に武器を売りつけながらロシアとも商売をする。

インドとロシアももともと友好的な関係があったが、インドは隣国である中国に対して非常に警戒心が強い。

だからインドに配慮する意味で中国とベッタリした関係にならない。ロシアとインドの関係はそれだけ深く、新型ミサイルをはじめ、いろんなものを共同生産している。

今回のウクライナでの戦争がきっかけで明らかになったのは、世界各国がアメリカへの不信感を持っていたからということだろう。

一強を誇っていた覇権国家のアメリカも、ここのところ弱体化しているように見える。

腐っても鯛(たい)で、世界の警察官として振る舞ってきていたが、経済的にも政治的にも綻びが見えつつある。

今度の戦争は明らかに太平洋戦争と同じで、やはりアメリカの傲慢さが引き起こした戦争だ。

太平洋戦争も日本が真珠湾(しんじゅわん)攻撃で自ら引き金を引いたように思われているが、日本が引き金を引かざるをえないように仕向けたのがアメリカだ。

イギリスはどうしようかと思っている矢先にドイツとの戦争に巻き込まれてしまい、アメリカに参加してもらいたいと思っていたから参戦するが、それまではイギリスは日中戦争を調停しようとしていた。

蔣介石の国民党軍と日本軍の間を調停し、なんとか終わらせようとやっていたのだ。

ただ、1940年までにスペインを除く全ヨーロッパはドイツに占領されていた。

イギリス一国がドーバー海峡を隔てて唯一ドイツに対抗していた。イギリスにしてみれば、生き残るためにはアメリカに参戦してもらうしかなかった。

そのとき、ネヴィル・チェンバレン内閣からウィンストン・チャーチル内閣へと政権の交代が起こり、チャーチルに代わると途端に日本に冷たくなった。

プーチン大統領の真意

今回のウクライナの戦争を最後まで避けようとしていたのはプーチンだ。

プーチンは2度のミンスク合意に応じている。騙(だま)されることになるとわかっていて乗っかっていたわけだ。ドイツのアンゲラ・メルケル首相がのちにミンスク合意はロシアを騙すものだったと白状しているが、それが裏づけている。

結局、ロシアがウクライナを侵攻せざるをえないところまでアメリカに誘導されたわけだ。

実際にはロシアはギリギリのところまで我慢していた。

クリミアを押さえたのも地政学的に見たら選択肢はそれ以外にない。クリミアは黒海（こっかい）を睨む戦略的要衝にあたり、西側に取られたら非常に厳しくなる。しかもクリミアには8割方ロシア人が住んでいた。

彼らが決議をしたから民間軍事会社ワグネルを送らざるをえなかった。これは裏側では明らかになっているが、現地のウクライナ軍はロシア側に説得されている。カネも配られたと思うが、その効果もあり、いっさい抵抗をしなかった。

だから、あっという間にクリミアは独立宣言をし、それと同時に住民投票を行い、ロシアに編入された。侵略だといわれたが、かたちのある侵攻ではなく、どこからともなくわけのわからない兵隊が出てきてスムーズに実行された。もちろん犠牲者がほとんど出ていないだけで、現地民も8割ほどが参加しているから、一概には侵略と定義しづらいものになっている。

そもそもクリミアはソ連時代にウクライナに割譲されたという複雑な事情もある。

現地のウクライナ人に聞いたこともあるが、内戦により逃げ、ドンバス地域のウクライナ人はみんな親ロシア派だ。なぜかといえば、ウクライナのやり方がひどくて親ロシア派になってしまったからだ。

聞いてみると、親がシベリアからウクライナに引っ越した段階でソ連が消滅したから、そのままウクライナ人になってしまったという人ばかりだ。だから自分のことをロシア人と認識している人も多く、今度はさらにウクライナの公用語からロシア語がなくなり、さまざまな手続きをウクライナ語でやらざるをえなくなっている。

しかし、学校でも教わっていないからできないし、ウクライナ人からは差別をされてしまう。ソ連時代はそんなことはなかったわけだから怒るし、ウクライナに対して絶望する。

そういう状況で、クリミア半島は積極的にプーチンが押さえたが、ドンバス地方と呼ばれるルハンシクとドネツクの2州は独立を宣言し、ロシアに自分たちを編入してほしいと訴えた。

このとき、プーチンは受け入れずに断っている。

なぜ、そういうことをしたのかといえば、ウクライナの中央政府と揉める要因を持った地域がウクライナに残ることにより、NATOに加盟することができなくなると判断した。中間地帯にしたいという思惑があり、それで当時のロシアの国益を考えてミンスク合意を受け入れるという判断をした。

このときのひとつの条件が、ドンバス地方について自治権を拡大するということで、この地方だけで選挙のやり直しが条件になった。

ウクライナにしてみたら、とんでもない話だったが、無理やり合意させられた。でも、結局、守りたくないから戦闘を始めてしまう。それで、もうひとつの問題として、ドンバスの連中もこの曖昧な決着の仕方が面白くなかった。やはり決着をつけてロシアに入りたかった。ただ、プーチンは、ドンバスの指導者たちにはそれはできないということを、ずっと言い続けていたのだ。

最終的にはウクライナとの開戦の前日になって、ようやく独立を認めている。それまではドネツクもルハンシクも国家として承認しなかった。たしか、この2国の独立を認めていたのは北朝鮮だけだった。

ロシアは承認した途端に同時に相互支援条約を両国と結んで、それに基づいて翌日に戦争を始めていく。はじめは何をするのかといえば、ドンバス地域にロシア軍が進駐するのかと思わせ、途端に首都のキーウを攻める。さらにウクライナ全土の軍事基地にミサイルを撃ち込んで全面戦争になり、相当な無理をしている。それまでは逆の立場でドンバスの独立は認めなかった。多くの住民はロシア人だから人道的な支援はしていたが、独立そのものは認めずに、かなり綱渡りの判断を迫られていた。

無理押しで戦争をやった彼らが目指したのはゼレンスキー政権の打倒だった。ただ、これはゼレンスキー政権を甘く見たというか、あれくらいの攻撃をすれば、政権が崩壊すると思ったのだろう。

実際に南部地域ではウクライナ軍は事前にロシア側の工作が進んでいて、すぐに降伏する部隊も相次いでいた。

だから、あっという間にヘルソン州やザポリージャ州の半分がロシアに押さえられている。でもキーウのある北部は抵抗に成功し、侵入してきたロシアの空挺（くうてい）部隊など、大損害を出している。

あのとき、ウクライナ政府にはイギリス人が軍事顧問として参加していて、武器庫を開けてキーウ市民に配って武装までさせた。

結局、300万都市が武装したらロシア軍はお手上げになってしまい、街中に進めなかった。

今後、ウクライナは抗戦を継続するのが難しくなってきているから、どこかで降伏したりするかもしれないが、今のロシアは焦っていない。占領地を確保しながら、戦争自体が数年続いてもいいと思っている。

おそらくウクライナ側が戦争続行に耐えられず、分裂して反乱が起きるか、和平調停に応じるかのどちらかと踏んでいるのだろう。

現時点でも停戦派が出ているという話がたびたび報じられているから、時間の問題だと思われる。

そろそろ頼みの西側の軍事支援が限界になりつつある。お金は出せるが、21世紀に入ってからは戦争がなかったこともあり、武器生産をしていなかったために、供給できる武器自体が不足しつつある。

今はウクライナ軍に対して自国の武器を融通して供与しているが、生産能力がどの国もほとんどない。西側諸国はすでに戦車をつくらなくなっていて、レオパルドの新型といわれているものも、実際は旧型を改造して提供しているだけだ。

トランプ大統領の復活と変わる世界

2024年に行われるアメリカ大統領選挙では共和党のトランプの返り咲きが有力だ。トランプが返り咲くことでアメリカがウクライナに肩入れするのをやめると見られている。しかし、さすがにそこまで単純ではないだろう。

トランプもロシアが今後台頭してくることは恐れている。

だからこそウクライナ支援は共和党が政権を獲(と)っている時期も行われていた。

トランプ大統領はウクライナ戦争を終結させると述べ、世間にはプーチンとの関係がよいからロシアと組むのではなんて声もあるが、そんなことはない。

ただ、アメリカにもウクライナに送る武器がそもそもない。パトリオットミサイルもアメリカ軍が持っているものを渡すために日本につくらせるという相当無理な技をやっているが、同じようなことをやるしかない。

とにかく現在は韓国と日本の生産力を総動員しているが、そもそも限りがあるから、あとはいくつかのユニットを送って終わりになる。そのときにはウクライナが力尽きるのも近い。

現在、調停に向けてハンガリー、オーストリア、インドが動き始めたが、アメリカは、おそらくトルコの介入を待っているはずだ。トルコが動けば、ポーランドがタオルを投げるだろう。ポーランドは2年前からリトアニアとポーランドとウクライナの3カ国連邦国家をつくるといっていて、ポーランドの公務員がウクライナの公務員になれる法律がすでに制定されている。

ポーランドにとっては非常においしい状況が誕生しようとしている。かつてポーランド＝リトアニア公国という国があり、両国は民族的に近い。それとウクライナの西部はカソリックなので、ポーランドとは親和性も非常に高い。

ウクライナは本来はキーウを中心とした地域であり、西部ウクライナはガリシア。ウクライナ語をたまたま話すカソリック教徒たちがほとんどで、民族的に違う人もいる。

ウクライナ戦争の後始末

中国は今後も和平を斡旋(あっせん)しようとするそうだ。

中国が力を入れている「一帯一路」構想にとって、ウクライナは非常に重要な地域だ。ウクライナが安定しないと構想は完成しない。旧シルクロード、黒海を通り、ウクライナからギリシャ、そしてイタリアというのが「一帯一路」構想。ウクライナを欠くことはできないから、中国は熱心に動くだろう。

現実的に考えるとトルコ、中国がイニシアチブを取ってポーランドも含んで話をつけようとするはずだ。ドイツと中国が接近しているから、実現する可能性はゼロではない。

問題はアメリカがどう動くかだ。

わたしは2024年11月の大統領選挙でトランプ大統領が再び誕生するまでに、ウクライナの戦争は停戦になると思っている。

その場合、カネのかかる後始末をどうやって日本と中国に押しつけるのかという問題がある。中国は投資をして戦後復興で回収しようとするだろう。その一方で、日本はおそらくカネを出させられるだけだろう。

ドンバスには自衛隊を送るべきだった

先日、平和学の研究者の伊勢崎賢治さんと付き合いがある人と話をした。伊勢崎さんはかつて国連で働いていて、今は大学教授をやっている。

何をやった人なのかといえば、実はウクライナで戦争が起きたときに政府にある提案をした人物だ。

どういう提案かといえば、日本の自衛隊をウクライナのドンバス地域に送り、停戦監視部隊にしてPKO（国連平和維持活動）をやらせようというものだ。ドンバスは本当に大変な地域だが、日本なら利害関係がないから受け入れてもらえる可能性は高い。

ヨーロッパのほかの軍隊は入れないが、日本ならば受け入れるし、それをやれば、日本にも得な面がいっぱいあった。

実はドンバスはレアメタルや石炭など地下資源も豊富で、ドネツク、ルハンシクの2州でウクライナ全土のGDPの4割を支えているほどだった。

帝政ロシア時代から、あの地域には資源があり、工業化が進んでいたから、鉄鋼産業をはじめとして貴重な地域だった。

だから、ドンバスの平和を確保して紛争で荒れた工業施設の復興などに取り組めば、日本にもメリットはかなりあったはずだ。

経済的メリットを考えたのかどうかは別として、そういう提案を伊勢崎さんは日本政府に持ちかけたようなのだ。

ロシアが侵攻する前のドンバス地域の紛争が始まってから安倍元総理に近い人物に持ちかけたみたいだが、それが本当に実現していたら、ウクライナにおける日本のプレゼンスも全然違っただろう。

わたし自身、ミンスク合意の時期から、なぜ積極外交しないのかと思っていたのだが、亡くなった安倍元総理には問題意識があった。

ウクライナを支援する際にも、ミンスク合意を守ってもらわないと困るとゼレンスキー大統領の前任のペトロ・ポロシェンコ大統領に何度も伝えていたようで、「このままでは600億円を提供するわけにはいかない」などとカードを切って、いろいろ交渉していたようだ。

その際に伊勢崎教授が考えたように、日本がもう一歩踏み込んで介入していたら、ウクライナのその後の展開もまた違ったと思う。

しかし、残念だとは思うが、安倍政権でも実際に実現することはできなかっただろう。

ちょうど中国が「一帯一路」構想で手をつけようとしているところに、日本が積極的にリードしている地域をつくることができれば、中国を牽制することもできて、かなり効果的だったはずだ。そのくらいドンバス地域は魅力があるのに、ウクライナ政府自体もそういうことを考えなかった。内戦が起きたときは、自分たちにとっての最重要地域を焼いてしまってどうするんだろうと思ったものだ。

繰り返すが、ドンバス地域はソ連時代からの軍需産業の中心地でもあり、ミサイルやロケット、戦車、航空機など現代の戦争に必要な武器の生産拠点にもなっていた。ロシア側はハリコフを中心とした地域と分業していた。それで、お互いにコンポーネントを供給し合って、輸出兵器をつくってウクライナとロシアで儲けていた。

結果的にそれが分断され、ロシアはロシアで自己完結する体制に移行したから、ウクライナにはお金が入らない状態になっている。本当に愚かな戦争だといえる。

わたしは中国の外交責任者である王毅がイニシアチブを取り、調停役として、どう力を発揮できるかで中国の立ち位置、今後の動きが決まると思う。

すでにインドが乗り出している。インドのナレンドラ・モディ首相はプーチンに働きかけをしているから、そうすると、中国がそれほど役割を果たせない可能性もある。

そうなると、その後の分断した世界のなかでグローバルサウスやインドの役割が伸びてロシアと組んだら、中国は結果的に困った状態になるだろう。

台湾侵攻の新しいかたち

中国は果たして台湾侵攻を本当にするのか。実際に実力行使ができるのかといえば相当難しいだろう。

ただし油断してはいけないのは、中国はあらゆる手段で相手に浸透するのが得意な点だ。中国では今、共産党指導部の強引なやり方を嫌った人たちが中国を捨てて海外に出ている。しかし、結果的に中国の足場が世界にできていくことになる。

中国は軍事的に侵攻することが難しいとなっても、諦めたりはしない。

台湾総統選挙では独立志向の民進党の頼清徳が勝利し、前総統の蔡英文の路線は引き継がれることになった。

台湾政府では大陸寄りの国民党と独立志向の民進党というわかりやすい構造が、最近では当てはまらなくなってきていると実感している。

民進党のなかにも親中派がいるし、国民党のなかにも中国を警戒している人たちが増えてきた。そういうねじれた人たちが出てきているから、民進党が政権を引き継いだといっても、蔡英文時代のように中国に対立する路線が選択されるとは思っていない。

中国から台湾への圧力は、とりあえず2022年よりは弱まっている。あのときがピークだったから、今後、軍事的圧力をかけてくることはあると思うが、明日にでも攻撃してくるのでは、というほど緊張することは、当面はなさそうだ。

これはウクライナの戦争の影響もある。

中国側も台湾を侵略する際、ロシアがやったような同時縦深(じゅうしん)打撃戦略を考えていたのだ。これは一度に多数の箇所に同時に打撃を与えて相手の機能を麻痺させるもので、ロシア軍もウクライナ相手にやろうと試みたが、結果として失敗した。

その惨状を見ている中国は、いたずらに博打を打つことはできなくなっている。

しかも台湾は島国だから上陸地点が限られる。そこを防がれると、いくら何倍の兵力で攻めても、押し返されることはある。

中国は太平洋戦争での日本の島嶼(とうしょ)防衛線をすごく研究していて、海から攻め入ることの難しさを理解しているようだ。

実は沖縄戦をはじめとして、アメリカは実際の戦闘では日本軍にかなり苦しめられている。日本の採用した持久戦の前に相当苦戦したために、本土決戦になれば、かなりの戦死者を出すと思っていたようだ。

「ひとつの中国論」を語る人は台湾も中国だというだろうが、香港の現在の様子を知っているのに中国と一緒になりたいと思う人はほとんどいない。実は台湾にはものすごい数の香港人が避難してきている。香港人が避難する先はイギリスと台湾、シンガポールくらいしかない。仮に平和的に選挙で中国と一緒になろうという話になっても、香港みたいなことになるから厳しいだろう。

だからこそ台湾は、なるべく日本を自陣営に引き入れたいと思っている。

熊本にＴＳＭＣの半導体工場ができたが、あれも戦略の一環だ。将来的には台湾と日本で運命共同体的な経済圏をつくりたいはずだ。

これまでは台湾資本は中国の深圳にＩＴ関連の生産施設をつくっていたが、最終的に中国に取られることがはっきりしたから、資本の移転が始まっている。

中国本土に投資すると共産党に回収される可能性が高いからバカらしいと思い、それで日本に投資しつつある。

台湾の経済的な柱はＩＴ産業だ。個人が使っているパソコンの世界シェアは台湾が4割を占めている。

今後も台湾は脱中国を進めたいのは間違いない。

そういった流れを考えると、中国では大きな政変は避けられないかもしれない。穏健な政治改革ができればいいが、実際には難しいだろう。

習近平、失脚の可能性

異例の3期目に突入した習近平だが、4期目を目指すのはさすがに厳しいと、わたしは見ている。

かつて付き合いがあった人民解放軍関係者の動きを見ていると、失脚させられる前に引退というかたちで逃げ出している人も多い。やはり習近平の強権的なやり方を嫌っている人が多いのだ。

周辺の話を聞いていると、習近平はもはや失脚間近という見方が意外と多い。実際には、わたしたちが想像している以上に裸の王様になっているのかもしれない。

側近ばかりで周囲を固めているといっても、本当に信頼できる人間は周りにはほとんどいないようだ。

さらに問題なのが、習近平の周辺がいちばん重要な経済政策で無策であるという点だ。

その点を考えると、やはり胡錦濤は優秀だった。胡錦濤は中国を世界一にしたわけではないが、少なくとも日本と同じくらいのGDPを達成している。

結局、習近平も胡錦濤時代の遺産のおかげで、なんとかやっているというところだろうか。

習近平政権では汚職を摘発し、大規模な粛清をたびたびしているが、結果的には汚職を拡大再生産している。共産党独裁だから、チェック機能が働くわけもなく、汚職は絶対になくならない。そういう意味では胡錦濤時代は、まだ西側諸国を手本としながら開かれた政治をつくろうとしていた面がある。

それが習近平になって先祖返りしたというか、強権政治になってしまい、政治システムも毛沢東時代のような前世紀のものになってしまっている。

いくら「虎もハエも叩く」といっても、汚職はあとを絶たないし、習近平自身も同じ轍（てつ）を踏んでいるのだから、どうしようもない。だから中国人の抵抗は、国をよくしようとするのではなく、できる限り共産党政府から遠ざかって生きていこうという行動になってしまう。

このままいくと、習近平自身が不幸な引退を迎える可能性は十分にあるだろう。

習近平は胡錦濤や李克強を輩出した共産主義青年団、いわゆる〝団派〟を冷遇し続けている。しかし、今後、団派が復権してくる可能性もある。

習近平のような高級幹部の子弟ばかりで構成される太子党と比べて、団派には叩き上げで優秀な人が多い。

胡錦濤時代には日本をモデルに中国は省庁改革を行った。最終的には失敗したが、日本の国民健康保険制度を導入しようとして農民戸籍の人も健康保険を持てるように改革を打ち出したのも胡錦濤だ。これも胡錦濤が青年団時代に日本を視察したときの経験がベースになっている。

そもそも中国は広大な国だから、国としてまとまりを持つのは難しい。無理をせずに旧ソ連のように緩やかに協力するかたちの連合国家を目指すのもいいのかもしれない。

結局、中国共産党の本質は利権集団にすぎない。辺境地域はバランスが取れていないから、たとえば、ソ連が非共産化されて連邦に加盟していた各国がバラバラになったように、さまざまな産業分野や資源を持ちつつバラバラになる可能性がある。

ある地域は天然ガスしかないとなると、天然ガスを押さえていればいちばん強くなる。チェチェンのラムザン・カディロフのように本当の独裁者が誕生する可能性もあるだろう。

カディロフは夫人が何人もいたり、娘が閣僚になったりと、やりたい放題。しかし、資源があるから、国民も豊かでそこまで不満が出ていない。

ただ、カディロフが苦労しているのは、プーチンとの関係はよいものの、ロシア系の人間との関係がよくない点だ。モスクワでもチェチェン人が住んでいる地域とロシア人が住んでいる地域で紛争が起きることはよくある。

奇形的な発展を遂げた中国

中国の今後は難しい。人口は増えないし、経済成長も今後はそれほどないだろう。中国には日本より進んでいる地域もあれば、はるかに遅れている地域もある。奇形的な発展を遂げた国で、その構造は非常に歪だ。

胡錦濤は文化的な視点を持っていたから、農村部を底上げするために図書館をつくろうとしていたこともあった。彼はそのための調査団を日本に送ってきたので、わたしは、その調査団をアテンドしたこともある。

地方の農村部の学校は先生に十分な給料を払えないという実態がある。さらに農繁期には子どもが農業を手伝うために学校に通えない。

このあたりの矛盾を整備し、誰でも充実した教育を受けられるようにしないと、中国のさらなる発展は難しいだろう。

農繁期に援農活動を人民解放軍がやっているのは、家の手伝いに追われる子どもたちを学校に行かせるためだ。

ただ、人民解放軍もどこにでも行くわけではないから、援農活動を受けられない地方が多い。

無戸籍の子どもも多い。農村部はひとりっ子政策ではなかったために、働き手が必要だからと子どもをたくさんつくった。そして、今はそういう人たちが今度は嫁をもらえないという深刻な問題が発生している。

戸籍の制限をつくり、子どもは3人くらいまでなら大丈夫だが、実際は5人くらいいて、そういうなかで人身売買が起きている。

さらにすごい話では、兄弟で嫁を共有しているケースもいまだにある。その地方では、その風習がやむをえないものとして黙認されているのだ。農村部では、いまだにそういう状態がずっと続いている。

もはや都市部と農村部でそれぞれ違う文化が当たり前と思ってやっていくしかない。

しかし、世界は弱肉強食なので、農村部を切り離したら、アメリカなどの資本が当然入ってくることになるだろう。

アメリカもかなり厳しい状況になってきているが、中国が倒れるのが先か、それともアメリカが倒れるのが先になるのか。

どちらにしても、これからの世界は、〝二強〟をめぐり、さらに混迷を深めていくだろう。

おわりに 超大国となった中国の抱える大きな矛盾

日本と中国の関係は深く長い。

その交流は２０００年以上前から確認でき、これまで両国は相互に強い影響を与え合っていたことがわかる。

中国の文献に初めて倭国（日本）の記述が見られるようになるのは『漢書』の「地理志」である。『漢書』は中国の後漢の章帝の時代、班固や班昭らによって編纂された前漢のことを記した歴史書だ。

それによると、紀元前１世紀ごろの日本が１００国あまりの小国分立の状態であり、朝鮮半島にあった楽浪郡に使者を定期的に派遣し、貢物を献上していたことが記述されている。

そのころから、ずっと東アジアの盟主として君臨していた中国だが、19世紀に欧米をはじめとする諸外国から当時の清が蹂躙されると、国力は衰退していく。

広大な国土の一部分は当時の帝国主義各国の前に勝手気ままに蹂躙され、植民地とされていった。

日本に対しても日清戦争で敗北して以降、劣勢となり、中国各地に日本が進出していくことになる。

このように長い因縁のある日本と中国だが、とくにこの100年は両国間に血で血を洗う戦争をはじめとして、さまざまな摩擦が絶えなかった。お互いの力関係もたびたび逆転している。

1972年9月に田中角栄と毛沢東のもとで行われた日中国交正常化以降、日本からの経済援助があって、中国は改革開放路線を推し進めた鄧小平の指導もあり、国力を蓄えて経済成長を果たすことに成功していく。

とりわけこの30年の発展は目覚ましかった。バブルの崩壊以降、日本が低成長に苦しむのを尻目に、今や中国は日本の3倍のGDPを持つ世界有数の超大国へと変貌を遂げてしまった。その勢いは世界1位の超大国であるアメリカを追い越そうとするかのようにも見える。

日本が国力の衰退に苦しむなかで、中国は今や日本が追いつこうと思っても容易には追いつけないレベルの成長と発展を果たしてしまった。

しかし、繁栄を極めているように見える現在の中国も、その内側には一党独裁の中国共産党支配による多くの矛盾と問題が内包されている。

絶対的な指導者として君臨し続けている習近平は、2040年にアメリカを超えて世界一の超大国になるとの野望を持っているといわれている。

だが、それは本当に実現可能なものなのか。

最近では不動産バブルの崩壊や若者世代の就職難、少子高齢化など、習近平の野望には黄信号どころか赤信号が灯(とも)っているかのようにも見える。

果たして、この巨大な隣国から今後、日本はどのような影響を受け続けるのだろうか。

経済だけでなく領土的な拡張についても野心を隠さず、ひたすら膨張を続けている中国の問題点と、現在の中国に君臨する一党独裁の中国共産党の血塗られた100年の歴史を振り返るなかで、中国の抱える矛盾や、今後、日本に降りかかってくるであろう危機的事態などを、本書では浮き彫りにすることを意図した。

(文中敬称略)

2024年7月10日

篠原常一郎(しのはらじょういちろう)

中国共産党100年と台湾有事Xデー
権威主義国家が世界の覇権を握る日

2024年9月6日　第1刷発行

著　者　篠原常一郎

ブックデザイン　長久雅行
本文写真提供　時事通信社
表紙・扉写真提供　Oleksii-stock.adobe.com
編集担当　貴家蓉子

発行人　岡﨑雅史
発行所　株式会社 清談社Publico
〒102-0073
東京都千代田区九段北1-2-2 グランドメゾン九段803
TEL:03-6265-6185　FAX:03-6265-6186

印刷所　中央精版印刷株式会社

ISBN 978-4-909979-66-7 C0036

清談社
Publico

https://seidansha.com/publico
X @seidansha_p
Facebook https://www.facebook.com/seidansha.publico